U0742149

HANYU GUOJI CHUANBO ZHONG
WAIGUO REN HANZI XIDE
YANJIU

汉语国际传播中
外国人汉字习得
研究

徐 茗◎著

安徽师范大学出版社

ANHUI NORMAL UNIVERSITY PRESS

·芜湖·

图书在版编目(CIP)数据

汉语国际传播中外国人汉字习得研究 / 徐茗著. — 芜湖:安徽师范大学出版社,
2019.2

ISBN 978-7-5676-2706-2

Ⅰ.①汉… Ⅱ.①徐… Ⅲ.①汉语—对外汉语教学—教学研究 Ⅳ.①H195.3

中国版本图书馆CIP数据核字(2016)第326019号

汉语国际传播中外国人汉字习得研究 徐 茗 著

责任编辑:潘 安
装帧设计:丁奕奕
出版发行:安徽师范大学出版社
　　　　　芜湖市九华南路189号安徽师范大学花津校区　　　　邮政编码:241002
网　　　址:http://www.ahnupress.com/
发 行 部:0553-3883578　5910327　5910310(传真)
印　　　刷:江苏凤凰数码印务有限公司
版　　　次:2019年2月第1版
印　　　次:2019年2月第1次印刷
开　　　本:700 mm×1000 mm　1/16
印　　　张:11.75
字　　　数:211千字
书　　　号:ISBN 978-7-5676-2706-2
定　　　价:39.00元

目　录

绪　论 …………………………………………………………………………… 1

一、问题的提出 …………………………………………………………… 1

二、研究的意义 …………………………………………………………… 2

三、研究的思路及方法 …………………………………………………… 2

第一章　我国对外汉字教学研究进展

——以《世界汉语教学》《语言教学与研究》和《语言文字应用》为中心的

考察 …………………………………………………………………… 4

一、三种期刊的文献分析与比较 ………………………………………… 4

二、研究内容的具体分析 ………………………………………………… 7

三、小结 …………………………………………………………………… 13

第二章　韩国留学生汉字书写偏误类型及成因分析 …………………… 15

一、韩国留学生汉字习得研究现状 ……………………………………… 15

二、韩国留学生汉字书写偏误类型及特点分析 ………………………… 17

三、韩国留学生汉字书写偏误成因分析 ………………………………… 29

四、针对韩国留学生书写偏误的相关教学建议 ………………………… 35

第三章　泰国中学零起点学生汉语声母、韵母听辨障碍的调查研究 …… 44

一、研究现状 ……………………………………………………………… 45

二、泰国学生汉语声母、韵母听辨障碍因素的调查与分析 …………… 46

三、对策与建议 …………………………………………………………… 56

四、针对泰国学生听辨难点的声母、韵母教学设计 …………………… 64

第四章　外国留学生汉字学习策略的调查研究 ·············68

　　一、留学生汉字学习策略的调查过程 ·············68

　　二、留学生汉字学习策略的数据统计与分析 ·············74

　　三、留学生汉字学习策略存在的问题及解决办法 ·············88

第五章　泰国中学生汉语(汉字)教学现状调查研究

　　——以泰国程逸中学为例 ·············91

　　一、泰国程逸中学的汉语教学现状 ·············92

　　二、泰国中学生对汉语教学感知的调查 ·············99

　　三、泰国程逸中学汉语教学的问题 ·············107

　　四、泰国程逸中学汉语教学的发展对策 ·············110

第六章　对外汉语初级阶段汉字教材分析

　　——以《体验汉字·入门篇》为例 ·············112

　　一、对外汉字教材研究现状 ·············113

　　二、研究的范围与方法 ·············117

　　三、《体验汉字·入门篇》汉字教学内容 ·············119

　　四、生字情况统计与分析 ·············135

　　五、生字复现率统计与分析 ·············146

　　六、初级阶段对外汉字教材的编写思考 ·············154

结　语 ·············159

　　一、汉语国际传播中外国人汉字习得研究结论 ·············159

　　二、本研究内容及其不足之处 ·············160

附录一　留学生汉字学习策略调查问卷 ·············162

附录二　留学生汉字水平测量表 ·············168

附录三　泰国中学教师汉语教学情况调查问卷 ·············170

附录四 泰国中学生学习汉语的调查问卷 ·······················174

　　学生学习汉语的调查问卷(汉语版) ·····················174

　　学生学习汉语的调查问卷(泰语版) ·····················176

后 记 ···180

绪　论

一、问题的提出

　　汉字是记录汉民族语言的符号系统，是汉语的重要组成部分。它历史悠久，是世界上现存的最古老的文字之一。汉字作为表意文字，与世界上大部分国家和地区所使用的表音文字有很大的区别，"汉字难认、难写"困扰着大部分的汉语学习者，甚至很多学生放弃了汉字学习。汉字是留学生尤其是拼音文字背景学生学习汉语的难点，甚至被称作汉语学习的"瓶颈"。对外汉字教学以20世纪90年代中期的第五届国际汉语教学讨论会为界，可以分为前后两期。前期研究的重点是教什么、怎么教，取得了一定成果，但研究者的眼光主要在教学方法和教学技巧层面，与其他语言要素相比，汉字和汉字教学研究还是比较薄弱的。20世纪90年代中期以后，汉字和对外汉字教学的研究出现了可喜的转机。在1996年召开的第五届国际汉语教学讨论会上，有关专家学者针对以往对外汉字教学内容薄弱、研究滞后、身处困境等问题，不约而同地发出要重视汉字和汉字教学研究的呼吁。如何认识汉字教学在整个对外汉语教学中的地位，如何突破汉字教学这个难点，成为对外汉语教学界亟待研究的课题。1997年6月，国家汉办（中国国家汉语国际推广领导小组办公室）在湖北宜昌召开了首次汉字和汉字教学研讨会；1998年2月，世界汉语教学学会和法国汉语教师协会联合在巴黎举办了国际汉字教学研讨会。在这两次会议上，与会专家学者就汉字教学的地位、任务、方法等问题，进行了深入热烈的讨论。会后出版了吕必松主编的《汉字与汉字教学研究论文选》。此后，汉字和汉字教学研究出现一个高潮。汉字和汉字教学研究的文章、专著逐渐增加，研究的深度和广度大大提高。进入21世纪之后，"汉语热"日渐升温，在对外汉语教学全面转向国际汉语传播的背景之下，对汉语自身规律的认识、对汉字教学规律的研究显得迫切。

二、研究的意义

本研究将尝试从字形、字音等角度，加强外国人汉字习得过程和学习策略研究，获取外国人汉字学习的感知与态度，开展针对外国人汉字学习的教材分析。本研究有助于拓宽对外汉字教学研究领域，丰富对外汉字教学理论，为对外汉字教学实践提供理论依据，为对外汉语教学研究做出一些贡献，也有助于提高外国人汉字学习效率、增强汉语读写能力，从而从整体上提高外国人汉语学习水平。同时本研究在海外开展了包括汉字在内的外国人汉语学习调查研究（主要针对泰国），获取了外国中学生对包括汉字学习在内的汉语学习感知和态度调查研究，对案例地的汉字教学进行了较为细致的梳理，掌握了较为丰富的一手资料和二手资料，有助于我们较为全面地认识国外汉字教学的现状、存在的问题，在此基础上提出一些有益的建议和对策，有助于促进汉语国际传播事业的发展。

三、研究的思路及方法

本研究从外国人汉字习得过程、汉字学习感知、汉字教材编写等角度，开展了汉语国际传播背景下外国人汉字习得特征和规律研究。首先从汉字书写偏误、汉字拼音辨识、汉字学习策略等方面开展了外国人汉字学习过程研究。针对韩国，开展了外国留学生汉字书写偏误及其成因分析；以泰国零起点班学生为研究对象，开展了汉字拼音辨识研究，总结出汉语声母韵母听辨存在的问题、影响因素与对策；对不同阶段、不同文化背景的留学生开展了汉字学习策略的调查研究。其次对泰国程逸学校和越南河内大学开展了外国中学生和大学生汉字习得的感知与态度调查研究。最后以中国国家汉办规划教材《体验汉字·入门篇》为对象对初级阶段对外汉字教材进行个案研究。具体思路参见图A-1。

本研究采用理论研究与实证调查相结合的方法。对对外汉字教学研究进展进行文献梳理和整理总结；利用所在单位国际教育学院的优势，开展了留学生的汉字习得调查研究，并利用汉语国际教育硕士生回国实习的条件，对韩国、泰国等国开展了访谈和问卷调查研究。同时，本研究综合采用了文献分析法、问卷调查法、定量分析法、归纳对比法、案例分析法等具体方法，对外国人汉字书写偏误、汉字学习策略、汉语拼音听辨障碍、汉语学习感知、教材编写等方面进行研究。

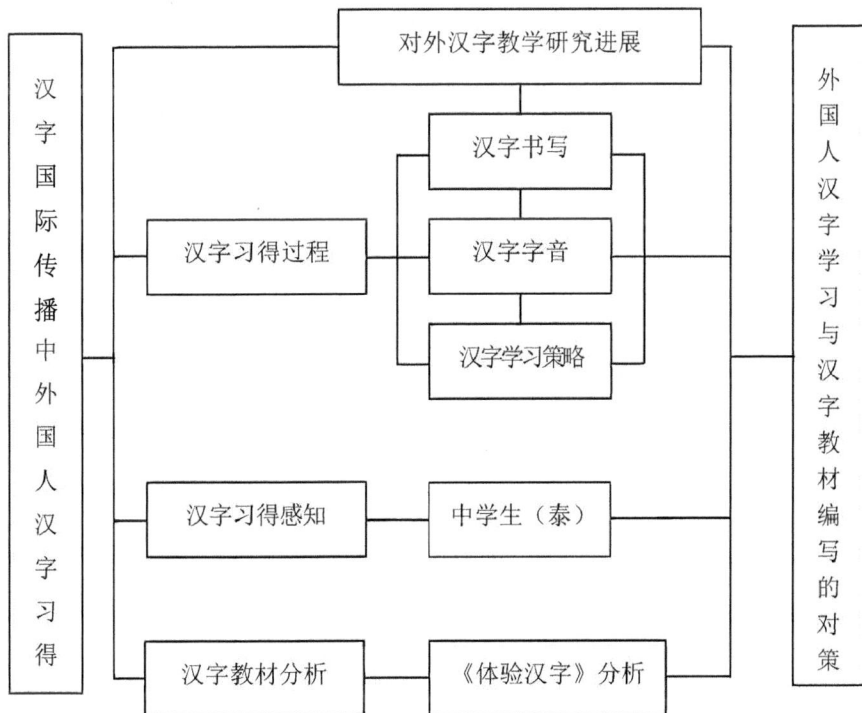

图 A-1　研究思路与技术路线

第一章　我国对外汉字教学研究进展

——以《世界汉语教学》《语言教学与研究》和《语言文字应用》为中心的考察

汉字是留学生尤其是拼音文字背景学生学习汉语的难点，甚至被称作汉语学习的"瓶颈"。与其他语言要素相比，相对于汉字教学这个难点和重点来说，汉字和汉字教学研究还是比较薄弱的。进入21世纪之后，"汉语热"日渐升温，对外汉字教学涌现出大量的研究成果，其中期刊文献是研究成果的主要载体之一。《世界汉语教学》《语言教学与研究》《语言文字应用》是我国目前对外汉语教学研究的主要信息刊源，基本上反映了我国对外汉语研究发展动态和科技研究水平。长期以来《世界汉语教学》《语言教学与研究》《语言文字应用》充分展示了对外汉语教学研究成果，不仅促进了自身的发展，还为对外汉语学科的建设和发展做出了重大贡献。因此，笔者对1999—2008年3种期刊上的61篇对外汉字教学研究文献进行梳理统计和研究成果分析，以把握该领域研究成果与动态。

一、三种期刊的文献分析与比较

（一）载文数量的时间分布

载文数量是指在指定时间内期刊载文的绝对数量，是从信息输出角度评价期刊的基本指标之一。10年来3种期刊中《世界汉语教学》《语言教学与研究》发表对外汉字教学文献比较多，均为22篇，《语言文字应用》发表了17篇；从时间上看，2004年以后文献较多，后5年累计发表43篇，占到71%。

三个刊物文献具体时间分布情况见表1-1。

表1-1　1999—2008年对外汉字研究文献时间分布

期刊＼年份	1999	2000	2001	2002	2003	2004	2005	2006	2007	2008	总计
《世界汉语教学》	1	2	1	1	1	3	4	1	5	3	22
《语言教学与研究》	2	0	2	2	3	1	2	4	2	4	22
《语言文字应用》	1	0	0	1	0	3	3	3	3	3	17
合　计	4	2	3	5	4	7	9	8	10	10	61

（二）载文作者的地域分布

从作者群的地域分布来看，对外汉字研究的集中地在北京，有47篇，占到总数的77%，其次为广州6篇，其他的分布在南京、天津、宁波等地。论文作者大多分布在高等院校（56篇），教育部语言文字应用研究所4篇，其他部门1篇（国家对外汉语教学办公室）。从具体的高校分布来看，主要集中在北京语言大学，大约占到论文数的50%，其次是北京师范大学、北京大学、暨南大学等高校。北京语言大学是中国唯一以汉语国际传播和对来华留学生进行汉语、中华文化教育为主要任务的国际型大学。很显然，其构成了包括对外汉字研究在内的对外汉语教学研究的中坚力量。从论文第一作者来看，北京语言大学的江新对该领域的研究最多，为6篇。其次为北京语言大学的万业馨和郝美玲，均为4篇。其中万业馨2002年还完成了国家社会科学基金项目"对外汉语教学中的汉字教学研究"。

（三）研究内容比较

笔者从"留学生对外汉字学习特点和习得规律""对外汉字研究与对外汉语教学的关系""汉字应用等级水平研究""对外汉字教学方法""国外对外汉

字教学简介"等5个方面进行对外汉字研究的介绍。表1-2表明，"留学生对外汉字学习特点和习得规律"研究是该领域的主要内容，占到总数的1/3，有关"对外汉字研究与对外汉语教学的关系""汉字应用等级水平研究""对外汉字教学方法"的研究构成了该领域研究的重要内容，相对而言，"国外对外汉字教学简介"较少，仅有4篇。

表1-2　1999—2008年对外汉字研究文献内容分类

	《世界汉语教学》	《语言教学与研究》	《语言文字应用》	总计
留学生对外汉字学习特点和习得规律	12	8	2	22
对外汉字研究与对外汉语教学的关系	5	7	1	13
汉字应用等级水平研究	2	2	6	10
对外汉字教学方法	1	5	6	12
国外对外汉字教学简介	2	0	2	4

从3种期刊的研究侧重点来看，《世界汉语教学》研究领域较为宽泛，各个部分均有涉及，重点在于"留学生对外汉字学习特点和习得规律"的研究；《语言文字应用》也涉及各部分内容，重点在"汉字应用等级水平研究"和"对外汉字教学方法"方面，对"留学生对外汉字学习特点和习得规律"和"对外汉字研究与对外汉语教学的关系"则关注不多；而《语言教学与研究》主要是侧重于"留学生对外汉字学习特点和习得规律"和"对外汉字研究与对外汉语教学的关系"，同时对"对外汉字教学方法"给予了充分的关注，但对"国外对外汉字教学简介"方面无介绍。整体上看，这与各份刊物的办刊宗旨是密切相关的。

二、研究内容的具体分析

(一)留学生对外汉字学习特点和习得规律

该领域文献主要包括三个方面:

(1) 从实验和模拟的角度探讨留学生对外汉字学习特点和习得规律。如刘丽萍通过两个实验,分析了汉字笔画数与结构方式对留学生认读和书写汉字的影响以及不同的学习任务对学生汉字学习效果的影响①;肖奚强从部件的角度讨论外国学生成系统的汉字偏误②;王建勤进行了汉语学习者汉字知识获得机制模拟研究③;徐彩华等通过三个实验考察汉字分解过程中留学生是否能够识别分解体中的错误④;郝美玲采用纸笔测验,以不同汉语水平的外国留学生为研究对象,通过对不同类型的假字和非字进行真假字判断,系统考察了留学生正字法意识的发生与发展⑤,该作者还采用延迟抄写的实验范式,以初学汉语的外国留学生为研究对象,考察部件频率、部件构字数和汉字结构类型对留学生汉字书写的影响⑥;高立群等研究了外国留学生汉语阅读中音、形信息对汉字辨认的影响⑦;王建勤通过模型对真、假、非字认知效应的模拟,探讨外国学生汉字构形意识发展过程以及汉字结构类型对其发展的影响⑧;江新以一年级非汉字圈为对象,研究了词的复现率和字的复现率对非汉字圈学生双字词学习的影响⑨。

(2) 从不同国别探讨了留学生对外汉字学习特点和习得规律。如江新以

①刘丽萍.笔画数与结构方式对留学生汉字学习的影响[J].语言教学与研究,2008(1):89-96.

②肖奚强.外国学生汉字偏误分析[J].世界汉语教学,2002(2):79-85.

③王建勤.汉语学习者汉字知识获得机制模拟研究[J].语言文字应用,2008(1):67-74.

④徐彩华.外国留学生汉字分解水平的发展[J].世界汉语教学,2007(1):16-28.

⑤郝美玲.留学生汉字正字法意识的萌芽与发展[J].世界汉语教学,2007(1):29-40.

⑥郝美玲,范慧琴.部件特征与结构类型对留学生汉字书写的影响[J].语言教学与研究,2008(5):24-31.

⑦高立群,孟凌.外国留学生汉语阅读中音、形信息对汉字辨认的影响[J].世界汉语教学,2000(4):67-76.

⑧王建勤.外国学生汉字构形意识发展模拟研究[J].世界汉语教学,2005(4):5-17.

⑨江新.词的复现率和字的复现率对非汉字圈学生双字词学习的影响[J].世界汉语教学,2005(4):31-38.

学习汉语的74名日本、韩国、印度尼西亚、美国学生作为被试对象,探讨汉语作为第二语言学习的外国学生对汉字知音和知义之间的关系①;安然等通过一般性面谈、纵深式访谈、现场考察、摄录观察、追踪调查等定性分析的手段,对非汉字圈学生书写汉字和教师教授汉字的过程进行了细致深入的个案研究,发现学生书写汉字时的笔顺问题并不直接反映其汉语水平,随着学生识字量的增多,教师汉字教学的重点自然地从笔顺教学转向部件教学②;全香兰研究了韩语汉字词对学生习得汉语词语的影响③;吴门吉等研究了欧美韩日学生汉字认读与书写习得④;柳燕梅等通过实验研究初学汉语的欧美学生两种汉字学习方法对学习效果的影响发现,被试者学习汉语字词时,用回忆默写法取得的成绩要比重复抄写法更好⑤;陈绂研究了日本学生书写汉语汉字的讹误及其产生原因⑥;江新等进行了拼音文字背景的外国学生汉字书写错误研究⑦。冯丽萍等以左右和上下两种不同结构的汉字为材料,通过部件频率的改变,研究在具有汉字背景的日、韩学生和没有汉字背景的欧美学生的汉字加工中部件位置信息的作用⑧。鹿士义以初、中、高三级汉语水平、母语为拼音文字的汉语学习者为被试对象,以左右、上下、半包围三种结构类型的真、假、非字为实验材料进行词汇判断作业,探讨其汉字正字法意识的发展⑨。

(3)从不同层次分析了留学生对外汉字学习特点和习得规律。如马明艳以学生课程笔记和练习本中书写的汉字为主要材料,从书写错误、字形策略、记忆策略、应用策略、复习策略、归纳策略等角度,进行了初级阶段非

①江新.不同母语背景的外国学生汉字知音和知义之间关系的研究[J].语言教学与研究,2003(6):51-57.

②安然,单韵鸣.非汉字圈学生的笔顺问题——从书写汉字的个案分析谈起[J].语言文字应用,2007(3):54-61.

③全香兰.韩语汉字词对学生习得汉语词语的影响[J].世界汉语教学,2006(1):77-82.

④吴门吉,高定国,肖晓云,等.欧美韩日学生汉字认读与汉字习得研究[J].语言教学与研究,2006(6):64-71.

⑤柳燕梅,江新.欧美学生汉字学习方法的实验研究[J].世界汉语教学,2003(1):59-67.

⑥陈绂.日本学生书写汉语汉字的讹误及其产生原因[J].世界汉语教学,2001(4):75-81.

⑦江新,柳燕梅.拼音文字背景的外国学生汉字书写错误研究[J].世界汉语教学,2004(1):60-70,4.

⑧冯丽萍,卢华岩,徐彩华.部件位置信息在留学生汉字加工中的作用[J].语言教学与研究,2005(3):66-72.

⑨鹿士义.母语为拼音文字的学习者汉字正字法意识发展的研究[J].语言教学与研究,2002(3):53-57.

汉字圈留学生汉字学习策略的个案研究①。江新等在前人工作的基础上，建构了一个有一定信度和效度的汉字学习策略量表，并对初级阶段外国留学生的汉字学习策略进行分析②。王又民统计了外国留学生本科各阶段汉语（语言技能类）教材累积用词用字情况与中国中小学各年级语文课本累积用词用字情况。研究表明，相比中国初中和高中学生，外国留学生在词汇和汉字方面存在相当大的差距③。

（二）对外汉字研究与对外汉语教学的关系

对外汉语教学中汉字研究和教学的重要性日益突出，一些学者对此进行了深入的研究。如施正宇针对近年来有关对外汉语教学基本单位的讨论，提出以词、语素、汉字为基本框架的教学理念④；万业馨在回顾了汉字认知研究的方法、汉字学和相关学科的研究现状的基础上，指出对汉字认知规律的探求应该是一项综合研究。作者后来又对汉字研究与汉字教学之间的关系做了细致而深入的分析⑤；张德鑫进行了关于汉字文化研究与汉字教学的几点思考⑥；梁彦民研究了汉字部件区别特征以及在对外汉字教学中的应用⑦；陈传锋等分析了汉字的结构对称特点，阐述了研究结构对称汉字识别加工机制的重要意义，在综述已有关于结构对称汉字识别加工机制研究的基础上，提出了关于汉字识别的"多层次格式塔双向加工模型"的理论构想⑧；朱志平研究了汉字构形学说与对外汉字教学的关系⑨；万业馨、张熙昌进行了形声字声旁

①马明艳.初级阶段非汉字圈留学生汉字学习策略的个案研究[J].世界汉语教学,2007（1）:40-49.

②江新,赵果.初级阶段外国留学生汉字学习策略的调查研究[J].语言教学与研究,2001（4）:10-17.

③王又民.中外学生词汇和汉字学习对比分析[J].世界汉语教学,2002(4):43-47.

④施正宇.词·语素·汉字教学初探[J].世界汉语教学,2008(2):109-118.

⑤万业馨.从汉字识别谈汉字与汉字认知的综合研究[J].语言教学与研究,2003(2):72-79.

⑥张德鑫.关于汉字文化研究与汉字教学的几点思考[J].世界汉语教学,1999(1):84-88.

⑦梁彦民.汉字部件区别特征与对外汉字教学[J].语言教学与研究,2004(4):76-80.

⑧陈传锋,董小玉.汉字的结构对称特点及其识别加工机制[J].语言教学与研究,2003（4）:58-63.

⑨朱志平.汉字构形学说与对外汉字教学[J].语言教学与研究,2002(4):35-41.

与对外汉字教学之间的关系研究①②；郝美玲等考察了声旁语音信息在留学生汉字学习中的作用③；赵妍强调汉字教学应从理据性入手，遵循汉字规律，找出现代汉字的音符、意符与字音、字义间的联系，帮助学生更好地理解掌握汉字，提高汉语学习的整体水平④。北京语言大学"外国学生错字别字数据库"课题组的研究充分利用语料库和数据库技术手段，客观反映外国学生在汉字学习过程中出现的错字别字现象，为对外汉字教学的各项专题研究提供一个以大量真实文本和原始字形为基础的数据系统和信息平台，并倡导在此基础上全面开展基于数据库的外国学生错字别字类型、频率与分布等方面的系统研究，促进了汉字理论研究与汉字教学实践良性互动，提高了对外汉字教学的水平与质量⑤。

（三）汉字应用等级水平研究

该领域主要是针对《汉字应用水平等级及测试大纲》展开。如邢红兵参照即将颁布的"基础教学用现代汉语常用字部件规范"的拆分原则，对《（汉语水平）汉字等级大纲》中的2 905个汉字全部进行了拆分，建立了"等级汉字拆分数据库"和"等级汉字基础部件数据库"，在此基础上对数据库中相关信息进行了统计⑥；伏学凤对《汉语水平词汇与汉字等级大纲》所收录的89个常用名量词进行系源研究，总结出汉语名量词产生的两种基本途径：引申和通借，旨在解决第二语言学习者"知其然，不知其所以然"的问题，从而提高对外汉语量词教学的效率⑦；李红印进行了《汉语水平词汇与汉字等级大纲》收"语"分析，统计出大纲实际收"语"254个，主要类别为固

---

①万业馨.略论形声字声旁与对外汉字教学[J].世界汉语教学,2000(1):62-69.

②张熙昌.论形声字声旁在汉字教学中的作用[J].语言教学与研究,2007(2):21-28.

③郝美玲,舒华.声旁语音信息在留学生汉字学习中的作用[J].语言教学与研究,2005(4):46-51.

④赵妍.现代汉字的理据性与对外汉字教学[J].语言文字应用,2006(增刊):20-22.

⑤北京语言大学"外国学生错字别字数据库"课题组."外国学生错字别字数据库"的建立与基于数据库的汉字教学研究[J].语言教学与研究,2006(4):1-7.

⑥邢红兵.《（汉语水平）汉字等级大纲》汉字部件统计分析[J].世界汉语教学,2005(2):49-55.

⑦伏学凤.《汉语水平词汇与汉字等级大纲》名量词系源研究[J].语言文字应用,2005(增刊):15-17.

定格式、惯用语、"语块"和成语[1]；张一清介绍了"汉字应用水平测试"的缘起和发展[2]；姜德梧从词汇的发展变化、收词标准、词性标准、同形词和一词多义的处理、轻声和儿化等多个方面，分析了《汉语水平词汇与汉字等级大纲》存在的问题，并提出了解决这些问题的一些原则和方法[3]；李清华探讨了《汉语水平词汇与汉字等级大纲》的词汇量问题[4]。江新等针对《汉语水平大纲》修订的需要，对外国学生汉语字词学习的影响因素进行了实验研究和语料统计研究，在此基础上对《汉语水平大纲》字词选择和分级提出了建议[5]。教育部语言文字应用研究所成立了"汉字应用水平测试研究"课题组，对汉字对外教学问题做了较为详尽的研究，研制出《汉字应用水平等级标准》[6]，论述了《汉字应用水平测试字表》的编制过程，包括测试字表编制的主要依据、编制原则、编制经过，以及测试字表分级的目的、依据、原则、标准和方法[7]；2008年，该课题组针对汉字应用水平测试的意义、目的、用途、对象、性质、范围、内容以及汉字应用水平等级的构成、特征及其在测试中的表现等重要问题，在理论上进行深入而详尽的阐述和探讨，以期为汉字应用水平测试的进一步开展提供可操作性的指导，为建立汉字测试体系并进而丰富汉语测试学提供有益的尝试[8]。

（四）对外汉字教学方法

针对对外汉字教学中采用的方法和手段，一些学者做了分析和探讨。如

---

①李红印.《汉语水平词汇与汉字等级大纲》收"语"分析[J].语言文字应用,2005(4):73-79.

②张一清."汉字应用水平测试"的缘起和发展[J].语言文字应用,2005(3):31-33.

③姜德梧.关于《汉语水平词汇与汉字等级大纲》的思考[J].世界汉语教学,2004(1):81-89.

④李清华.《汉语水平词汇与汉字等级大纲》的词汇量问题[J].语言教学与研究,1999(1):50-59.

⑤江新,赵果,黄慧英,等.外国学生汉语字词学习的影响因素——兼论《汉语水平大纲》字词的选择与分级[J].语言教学与研究,2006(2):14-22.

⑥"汉字应用水平测试研究"课题组.《汉字应用水平等级标准》研制报告[J].语言文字应用,2004(1):56-62.

⑦"汉字应用水平测试研究"课题组.汉字应用水平测试用字的统计与分级[J].语言文字应用,2004(2):63-70.

⑧"汉字应用水平测试研究"课题组.《汉字应用水平等级大纲》的几个重要问题[J].语言文字应用,2008(2):50-57.

赵明德进行了对外汉字教学改革探索①；卞觉非探讨了汉字教学该教什么、怎么教②；王静以认知心理学的记忆原理为理论依据，结合对外汉语教学实践经验，阐述了如何设计及实施汉字听写训练，使之真正成为一种科学有效的教学手段③；江新采用实验的方法比较"认写分流、多认少写"和"认写同步要求"两种汉字教学方法的效果，结果显示，"认写分流、多认少写"组的识字、写字效果均好于"认写同步要求"组④。崔永华通过考察中国儿童识字过程和教学方法，认为目前对外国人的汉字教学的程序和方法可能违背了汉字学习的自然顺序和学习规律，对外国人的汉字教学可以借鉴中国儿童学习汉字的过程和方法⑤；李香平认为 "新说文解字"是一种流俗文字学的字理阐释方式，在汉字教学上对提高学习兴趣、调节课堂气氛、帮助识记汉字具有传统文字学字理阐释所不具备的作用⑥；王汉卫初步探讨了精读课框架内相对独立的汉字教学模式⑦；郝美玲等对留学生教材汉字复现率进行了实验研究⑧；王亚娟认为"互动"教学是教好汉字课的一个重要方法⑨。李香平从留学生高级班汉字教学及教材现状入手，探讨高级班汉字知识教学的内容与目的，认为高级班汉字教材中汉字知识的编写应该突出针对性、体现实用性、增加趣味性⑩。

李大遂基于对外汉字教学亟待加强的现状和近年来开设中高级汉字课的实际，对开设中高级汉字课的必要性和中高级汉字课的内容、方法等进行研

---

①赵明德.对外汉字教学改革探索[J].语言教学与研究,1999(3):136-144.

②卞觉非.汉字教学:教什么? 怎么教? [J].语言文字应用,1999(1):71-76.

③王静.记忆原理对汉字听写训练的启示[J].语言教学与研究,2001(1):20-24.

④江新."认写分流、多认少写"汉字教学方法的实验研究[J].世界汉语教学,2007(2):91-97.

⑤崔永华.从母语儿童识字看对外汉字教学[J].语言教学与研究,2008(2):17-23.

⑥李香平.对外汉字教学中的"新说文解字"评述[J].语言教学与研究,2006(2):31-34.

⑦王汉卫.精读课框架内相对独立的汉字教学模式初探[J].语言文字应用,2007(1):119-124.

⑧郝美玲,刘友谊.留学生教材汉字复现率的实验研究[J].语言文字应用,2007(2):126-133.

⑨王亚娟.浅谈汉字课中的"互动"教学[J].语言文字应用,2006(增刊):17-19.

⑩李香平.留学生高级班汉字课汉字知识教学与教材编写研究[J].语言教学与研究,2008(4):41-46.

究[①]。赵果等通过对初级阶段留学生汉字学习策略和汉字学习成绩相关关系的分析发现：（1）应用策略对提高汉字学习效果有很大的帮助；（2）字形策略很可能不利于汉字书写的学习；（3）利用意符对汉字意义识别很有帮助；（4）形声字学习比非形声字学习对策略的使用更敏感[②]。

（五）国外对外汉字教学简介

李俊红等对杜克大学中文起点班的双轨制设置进行了介绍，并总结出部首对于汉字认知的意义[③]；吴贺介绍分析了王西里的汉字识记体系，认为该体系打破了俄罗斯学生长期以来汉字学习中死记硬背、毫无章法可循的现状，使俄罗斯的汉字教学有了比较科学的方法，学生的汉字识记效率得到明显提高[④]；肖莉在墨西哥任教期间，通过测试检验学生的学习效果，进行了海外汉字入门阶段的笔顺教学[⑤]；张金桥采用词汇判断任务探讨了印尼华裔留学生汉字正字法意识的形成与发展[⑥]。

另外，汉字本体研究是对外汉字教学研究的基石，其研究成果更是丰富多彩，这里没有纳入对外汉字教学研究的综述之中。

三、小结

总体上看，我国对外汉字教学研究取得了重要进展，《世界汉语教学》《语言教学与研究》《语言文字应用》三个期刊为推动对外汉字教学研究方面成绩突出。毋庸置疑，我国对外汉字教学研究还存在着不少问题，比如：汉字研究和汉字教学研究日益受到重视，但论著数量还不够多，成果尚未形成

---

①李大遂.突出系统性　扩大识字量——关于中高级汉字课的思考与实践[J].语言文字应用,2004(3):112-119.

②赵果,江新.什么样的汉字学习策略最有效？——对基础阶段留学生的一次调查研究[J].语言文字应用,2002(2):79-85.

③李俊红,李坤珊.部首对于汉字认知的意义——杜克大学中文起点班学生部首认知策略测查报告[J].世界汉语教学,2005(4):18-20.

④吴贺.俄罗斯首例汉字科学化教学方案——19世纪王西里的汉字识记体系分析[J].世界汉语教学,2008(1):133-140.

⑤肖莉.海外汉字入门阶段的笔顺教学初探[J].语言文字应用,2006(增刊):23-25.

⑥张金桥.印尼华裔留学生汉字正字法意识的形成与发展[J].语言文字应用,2008(2):116-122.

体系；重视留学生汉字学习特点和习得规律研究，但显得零星和欠严密；教材建设和汉字课程设置受到重视，但成果有限，难以满足"汉语国际传播"的需要；研究方法向科学化、多学科结合的方向发展，但研究成果的指导意义有待验证；汉字本体研究进一步深入，但与对外汉字教学内容和方法的结合探讨不够；研究视角偏重于对汉字字形教学的研究，忽视了汉字是形、音、义的整体等。随着我国综合国力的持续增长、"汉语热"的持续，在未来相当长的一段时间内，对外汉字和对外汉字教学仍将是对外汉语教学研究领域中一个持续的热点，如何克服以上研究中的问题，加强外国留学生汉字认知规律研究、推进汉字教材建设和独立汉字课程的设置、融合汉字教学的多学科视角、强化对外汉字教学内容和方法的结合等方面都是值得进一步关注和深入的课题。

第二章　韩国留学生汉字书写偏误类型及成因分析

本章主要研究的是韩国留学生汉字习得偏误问题，主要涉及汉字偏误统计、偏误特点、偏误原因、相关教学对策等，以便有针对性地做好对韩汉字教学工作。具体操作上，首先，采用定性与定量相结合的方式，对各类偏误进行多角度全面分析，尽量保证语料的多样性与全面性，语料来源涵盖学生的试卷、作文等；其次，对收集到的语料进行定量统计分析，将不同的偏误归类，计算出各类偏误比例，对语料进行汉字笔画数效应和结构方式效应的统计，找出韩国留学生书写偏误的临界点，并对韩国留学生书写汉字出现偏误的原因进行分析；最后，对对韩汉字教学提出一些有针对性的教学对策和相关教学设想。

一、韩国留学生汉字习得研究现状

（一）研究现状

韩国留学生在汉语学习过程中对汉字存在着既紧密又疏远的关系，历史上相当长的一段时间里韩国借用部分汉字来记事，直到世宗时期才创造了韩国文字——训民正音，并逐渐形成了以音节为单位把几个字素合成一个字的构字法，有学者认为韩文是汉文化圈内唯一的音素文字①。尽管如此，至今，汉字对韩文仍存在或多或少的影响。据统计，所有的韩国语词典里收录的汉

---

① 王锋.从汉字到汉系文字[M].北京:民族出版社,2003:191-203.

字词所占的比率至少超过整个韩国语词汇的50%①。然而韩国以拼音文字为其主要的书写符号，而汉字是音、形、义相结合的符号系统，它们的文字系统及语言结构特点是大相径庭的。纵观众多的对外汉语教学的论文，有关汉字研究方面的文章所占的比例不大。在这些有限的文章中又以探讨教学方法的文章居多，分析汉字偏误的文章偏少，且文章多为列举零散的现象，分类与分析缺乏系统性②。有关对外汉字偏误方面的研究成果主要涉及以下方面：一是外国留学生、汉字文化圈、非汉字文化圈、华裔等汉字偏误研究；二是从历时的角度将初、中、高级的汉语学习者的汉字学习偏误进行整理调查研究并探求偏误产生的原因及教学的相应对策；三是留学生汉字认读能力与书写能力的对比研究。有关韩国人习得汉语的论著主要涉及汉字词与汉语语音、词汇、语法等方面的对比研究，对于韩国人习得汉字偏误研究的论文数量更是少见。事实上，不同母语的学生在学习汉字的过程中呈现的规律是不同的；甚至相同母语的留学生，在汉字学习的不同阶段也呈现不同的特点，汉字教学需按国别和分阶段来进行。

（二）研究的目的和意义

人们普遍认为由于韩国与中国有着地域上的联系，韩国人学习汉语有很大优势，再加上历史上韩国曾使用过汉字，不可否认又为韩国人学习汉语提供了有利条件。正因为有如此多优势的存在，人们很容易忽视包括对韩汉字教学在内的对韩汉语教学研究。然而有关专家通过问卷和词语调查分析韩语汉字词对学生习得汉语词语的影响发现，韩国留学生对韩国汉字的知识普遍很差，这就意味着对目前处于二三十岁年龄段的韩国学生来说，韩语汉字词对汉语词语习得的影响并不很大，需要加强韩国留学生汉字教学的研究③。对韩国留学生的汉字偏误进行分析研究，既可以深化我们对汉字本体知识的认识，又有助于对外汉语教师探寻汉语学习者汉字习得的规律，从而提高教学效率，进而对对外汉字教学起到推动作用。针对此，将部分韩国留学生作业中存在的书写偏误进行收集整理，将其偏误类型进行归类，从汉字笔画数效应及结构方式效应统计中指出韩国留学生容易出现的偏误点，探求韩国留学

①黄艾.汉字教学在对韩汉语教学中的优劣势浅析[J].成都纺织高等专科学校学报,2010（4）:57.

②肖奚强.外国学生汉字偏误分析[J].世界汉语教学,2002(2):79.

③全香兰.韩语汉字词对学生习得汉语词语的影响[J].世界汉语教学,2006(1):77.

生形成偏误的原因，并提出相关的教学建议及对韩汉字教学的一些新思路。由于客观条件的限制，搜集的语料数量有限，这里所反映的韩国留学生汉字偏误的具体情况未必完全准确，仅希望能为对外汉字教学特别是对韩汉字教学提供一些有价值的参考依据和有益启发。

(三)研究方法

具体操作上，首先，采用定性与定量相结合的方式，对各类偏误进行多角度全面分析，尽量保证语料的多样性与全面性。语料来源涵盖留学生的试卷、作文等；其次，对收集到的语料进行定量统计分析，将不同的偏误归类，计算出各类偏误比例，对语料进行汉字笔画数效应和结构方式效应的统计，找出韩国留学生书写偏误的临界点，并对韩国留学生书写汉字出现偏误的原因进行分析；最后，对对韩汉字教学提出一些有针对性的教学对策和相关教学设想。

二、韩国留学生汉字书写偏误类型及特点分析

(一)研究对象及偏误界定

1.研究对象

本调查对象为某师范大学汉语国际教育学院2009年中级班的韩国留学生。语料来源于所能收集到的上述考察对象的各类作业，包括试卷、作文、听写等相关资料，并对各类偏误进行归类。据不完全统计，收集到的语料全部字数约为24 947个，其中韩国留学生书写中出现的汉字偏误约为475个。之所以选择中级班同学的作业为研究对象，是因为中级班留学生经过一段时间的汉语学习具备了比初级班学生更加良好的汉字基础。由于学习时间较长，中级班韩国留学生书写汉字时并不是"逢写必错"，而是出现的偏误有一定的规律可循。由于学生有一定的学习基础，其可塑性也更强，对中级班韩国留学生汉字书写偏误进行研究更有利于教师后期教学的开展及学生后续的学习。

2.偏误的界定

收集到的上述调查对象作业中出现的书写偏误，不管偏误大小都是本文的研究对象，包括笔画、部件、整字三个方面。尽管笔顺的规范化问题对于

汉字习得也有非常重要的影响，但是，因为记录笔顺是一个动态的过程，而我们所收集的语料来自韩国留学生的书面成字的静态文本，所以有关笔顺规范化的问题，暂不在考察的范围之内。故原始语料中只考虑书写偏误不记笔顺是否规范。文章从笔画、部件、整字三个角度分类记录留学生作业中的偏误，同时，同一个人相同的误字以一个字计算，而不同的人出现的同样的错误作为个体计入偏误字数之中。

（二）偏误归类理论依据及类型统计

1.偏误归类理论依据

关于汉字书写偏误如何分类，不同的学者划分的标准也有所不同，具体来看，主要有以下几种分类方法：杜同惠把留学生书写中出现的差错分为字素混淆、字素易位、字素遗失、笔画增损、笔画变形、结构错位、音同字错、混音错字等八种[①]。施正宇以正字法为依据，将留学生的书写错误划分为非字、假字、别字三种[②]。肖奚强从部件角度讨论外国留学生成系统的汉字偏误，并归为三大类：部件的改换；部件的增加和减损；部件的变形与变位[③]。总的来说，汉字书写偏误类型大致分为以下三类：笔画层面的偏误，如：增加笔画、减少笔画、笔画误用；部件层面的偏误，如：增加部件、减少部件、部件错位、部件误用；整字层面的偏误类型，如：同音误用、近音误用、近形误用。

2.偏误类型统计

我们综合了前人的研究成果，从笔画、部件、整字三个方面入手，将实际收集到的中级班韩国留学生书写偏误进行分类，研究其偏误类型的特点。具体来说，笔画层面（记为A）的偏误细分为：增加笔画（A1）、减少笔画（A2）、笔画误用（A3），具体偏误情况如表2-1所示。

部件层面（记为B）的偏误又细分为：增加部件（B1）、减少部件（B2）、部件误用（B3）、部件错位（B4），具体偏误如表2-2所示。

由于汉字中同音、近形现象较多，整字层面（记为C）的偏误类型又被分为：同音误用（C1）、近音误用（C2）、近形误用（C3）等类型，具体偏误如表2-3所示。

---

① 杜同惠.留学生汉字书写差错规律试析[J].世界汉语教学,1993(1):60-70.
② 施正宇.外国留学生字形书写偏误分析[J].汉语学习,2000(4):40.
③ 肖奚强.外国学生汉字偏误分析[J].世界汉语教学,2002(2):79.

表2-1　A类偏误

A1	正确	晚	笑	誊	琴	鬼	晒
	偏误	䰟	奀	誉	琴	鬼	晒
A2	正确	舒	系	幼	生气	极	厌
	偏误	舒	系	幼	气	极	厌
A3	正确	发	化	铁	更	脾	吞
	偏误	发	化	铁	更	脾	吞

表2-2　B类偏误

B1	正确	知识	身体	宁可	叹气	肚子	商
	偏误	䏜	偠	宁	吃	脏	商
B2	正确	咖啡	干脆	谢	操	懂	爆
	偏误	叻	危	谒	掘	懂	爆
B3	正确	狡猾	怒	舒	越	替	套
	偏误	狡猾	势	舒	越	替	套
B4	正确	加	够	上	笔		
	偏误	叻	夠	上	笔		

表2-3　C类偏误

C1	正确	类型	改变	厉害	绘画	清楚	心里很舒服
	偏误	形	便	历	会	青	裡
C2	正确	认真	帮助	跳舞	幸福	到底	我不要忘记朋友们的真诚。
	偏误	比	组	调	辛	很	精
C3	正确	生活	幸运	观赏	因为	与众不同	九牛二虎之力
	偏误	浩	远	尚	因	马	车

根据定量分析法，笔者从学生的作业中共搜集到了475个汉字偏误例

证，并作出不同类型的相关统计，其中，各部分偏误比例=各类型偏误个数/偏误总数。具体偏误统计数据如表2-4所示：

表2-4 偏误类型数据统计

	偏误类型	偏误个数	比例	占比
笔画	笔画增加	52	10.9%	37.3%
	笔画减少	90	18.9%	
	笔画误用	36	7.5%	
部件	部件增加	24	5.1%	39.2%
	部件减少	56	11.7%	
	部件误用	103	21.8%	
	部件错位	4	0.6%	
整字	同音误用	24	5.1%	23.1%
	近音误用	36	7.5%	
	近形误用	50	10.5%	

（三）韩国留学生书写偏误特点分析

通过以上数据可以明显看到，韩国留学生在汉字书写过程中各类偏误分布比例不均衡，但从笔画、部件、整字这三个大类来看，笔画偏误率与部件偏误率相差并不明显，分别为37.3%和39.2%。整字出错率占比最小，为23.1%。各部分偏误比例，其中排在前5位的分别是：部件误用B3（21.8%）、笔画减少A2（18.9%）、部件减少B2（11.7%）、笔画增加A1（10.9%）、近形误用C3（10.5%）。偏误比例最小的为部件错位B4，仅为0.6%，同音误用C1（5.10%）和部件增加B1（5.10%）也比较少。由此可见，韩国留学生在部件和笔画方面书写得出错率较高，整字出错率相对较少。在对所收集到的语料进行二次统计时，我们发现并不是每个留学生所书写的错误汉字都有区别性的偏误特征，而是不同留学生在书写同一个汉字时会出现同样的偏误点。也就是说，韩国留学生在汉字书写习得的过程中有其特定的规律可循，如果教师在教学中可以有针对性地发现问题的所在，势必会对汉字教学有所启发。

1.笔画偏误特点分析

（1）韩国留学生笔画层面偏误率从小到大依次表现为：笔画误用，笔画增加，笔画减少。

汉字笔画是构成汉字字形的最小连笔单位，汉字从落笔到起笔所写的点和线叫一笔或一画，独体字、合体字都是由笔画构成的[①]。根据汉字的运笔方向可以把现代汉字的笔画依次归并为七大类：横、竖、撇、捺、提、折、点，把它们按字形规则组合起来就构成一个个的汉字。汉字与拼音文字的最大区别就是拼音文字以线性排列，顺着一个方向延伸，而汉字是一种平面性的文字，它的构成成分向四面展开，形成了平面布局，所以说书写汉字更需要从整体上把握汉字的笔画特征。根据对韩国留学生笔画偏误的分类，把笔画减少定义为汉字中本该有的笔画，留学生在书写过程把该笔画遗漏了，遗漏笔画后该字为错字，如："极"字的末笔遗漏，"舒"字丢失右边部件上的"、"；把笔画增加定义为留学生在书写的过程中误加了某一笔画，添加该笔画后该字不成字；把笔画误用定义为留学生在书写汉字时将本该具有的笔画误写为其他的笔画，或是由于运笔方向的错误而将一个正确的汉字写成了不规范的汉字，如"吞"的第一笔本为"横"而学生错误写作"撇"，误用后该字为不规范字。通过表2-1，很明显可以看到韩国留学生笔画层面的偏误率按

[①]黄伯荣,廖序东.现代汉语[M].北京.高等教育出版社,2007:145.

照从小到大依次表现为笔画误用、笔画增加、笔画减少,其中笔画遗漏的现象较多。

(2)"点、横、提"是韩国留学生出现笔画偏误的主体。

与此同时,我们又从汉字笔画角度即"横、竖、撇、捺、提、折、点"这七种类型对韩国留学生笔画层面出现偏误的176个汉字进行了分类统计,统计数据如图2-1:

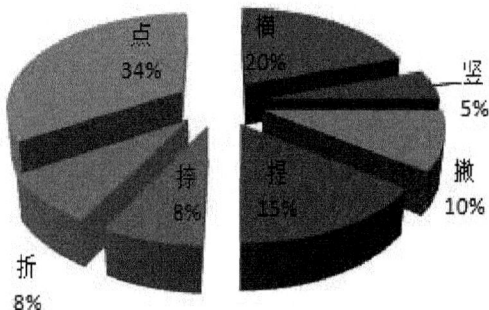

图2-1 笔画层面的偏误统计

可以发现,"点、横、提"是韩国留学生出现书写偏误的主体,而"竖、折、捺"等笔画出现的偏误点相对较少。具体分析如下:汉字"点"笔是韩国学生书写偏误率最高的,占比34%,偏误形式以"、"笔的遗漏最为显著;第二种偏误是把"点"笔误作"撇"笔、"横"笔,占比20%,留学生书写中比较典型的偏误情形就是把"横"笔与"撇"笔混淆导致偏误;位居第三位的是"提"笔,主要偏误点是"提"笔与"撇"笔的混用,这与书写汉字的起笔方向有很大关系。接下来是撇笔偏误占比10%,偏误的常见形式是把"撇"笔写成"横"笔或写成"竖"笔,如"禾"的第一笔本为"撇"写成"横","师"第二笔本为"撇"写作"竖"等诸如此类的偏误。"捺"笔偏误的常见情形是捺笔写得不到位,此类偏误常在半包围结构中出现,比如"超",由于"走"的最后一捺写得过短,汉字"超"变成了"走""召"两个单独的字。

(3)汉字笔画数对韩国留学生书写偏误影响不明显。

笔画是书写汉字的最小单位,留学生在习得汉字的过程中只有熟练掌握汉字的基本笔画,才能正确、快速地书写汉字。对笔画进行特征分析与计算是从形体上识别汉字的一个基本工作，是先于部件分析而存在的[①]。20世纪60年代以来，许多心理学实验发现，母语者识别汉字的过程中存在着笔画数效应，即汉字的笔画数越多，加工时间越长，错误率越高。彭聃龄、王春茂以母语者为被试的实验发现笔画数多的汉字的加工时间要长于笔画数少的汉字[②]。汉字的笔画数效应表明，笔画有可能是汉字视觉加工的最小单元。汉字从检测笔画开始然后在更高的层次上进行处理，最后才能达到对字的整体识别。可见，笔画数是影响汉字识别的重要因素，那么汉字笔画的多少是否影响学生对汉字的书写呢？刘丽萍将汉字笔画数效应的实验应用到了外国留学生习得汉字的过程中，认为笔画数的多少影响学习者的汉字书写成绩，笔画数多的汉字正确率低，学生较难记忆和书写[③]。

那么韩国留学生书写汉字是否也存在类似的情形？为了验证结果，我们把搜集到的韩国留学生的书写偏误进行了汉字笔画数统计。《现代汉语常用字表》3 500个现代汉语常用字笔画总数为34 097，平均每字9.7画，最少的1画，有2个字，最多的24画，只有1个字。其中9画的汉字最多，有415个，其次是8画、10画[④]。根据《现代汉语常用字表》的规定，在本次统计中，我们把9画定为多笔画字与少笔画字的分界，9画以上为多笔画字，9画以下为少笔画字。根据搜集到的韩国留学生汉字书写偏误，笔者进行了笔画数效应的相关统计，统计结果见表2-5和表2-6。

表2-5 笔画较少的汉字

汉字笔画数	2	3	4	5	6	7	8	9
偏误出现次数	2	8	21	48	25	62	59	32
偏误出现次数占偏误总数之比	0.04%	0.01%	0.04%	0.1%	0.05%	0.12%	0.12%	0.06%

①郭圣林.汉字的笔画特点与外国学生汉字笔画偏误[J].暨南大学华文学院学报,2008（4）:63.

②彭聃龄,王春茂.汉字加工的基本单元:来自笔画数效应和部件数效应的证据[J].心理学报,1997(8):15.

③刘丽萍.笔画数与结构方式对留学生汉字学习的影响[J].语言教学与研究,2008(1):95.

④郭曙纶.《GB13000.1字符集:汉字字序（笔画序）规范》笔画数统计报告[J].现代语文,2006(11):39.

表2-6　笔画较多的汉字

汉字笔画数	10	11	12	13	14	15	16	18	20
偏误出现次数	62	50	34	25	18	16	9	2	2
偏误出现次数占偏误总数之比	0.12%	0.1%	0.07%	0.05%	0.03%	0.03%	0.01%	0.004%	0.004%

通过表中的数据，我们可以看到汉字笔画数的多少对韩国留学生书写偏误影响并不明显，呈现出的"两头少、中间多"的特征，即笔画越多或笔画越少在书写时偏误率越低。相反，汉字笔画较为居中的汉字，即在7~11画，它们的书写出错率高，这一笔画范围内的汉字是韩国留学生书写出错较多的"临界带"，教师在教学的过程中也要引起足够的重视。

2.部件偏误特点分析

（1）部件层面偏误率表现为：部件错位，部件增加，部件减少，部件误用。

部件由笔画构成，是具有组配汉字功能的构字单位①。部件可以由一画或多画构成，比如构成"村"的部件"木、寸"，分别是四画和三画。少数部件是由一画构成的，如构成"亿"的部件"亻、乙"中的"乙"，仅一画构成；部件可以成字也可以是非字，如"研、肥"中的"石、开、月、巴"都可以独立成字，而"字、依"中的"宀、亻"现在一般不能独立成字；部件可以根据能否二次切分成为单一部件、复合部件；部件还可以根据切分的层次划分成一层部件、二层部件等等。肖奚强曾说过："作为笔画和整字的中介，部

---

①黄伯荣，廖序东.现代汉语[M].北京:高等教育出版社,2007:147.

件在汉字的构成方面起着十分重要的承上启下的作用，对于留学生来说，部件结构掌握的好坏直接影响到对汉字的掌握。"①然而部件划分的多样性，也为留学生学习汉字带来了困扰。韩国留学生在部件层面的书写偏误主要有四种类型。其一为部件的减少，即留学生在书写汉字时，遗漏了部分部件，具体又分为两种情况：一种是丢失了部分部件成了其他的汉字，即别字，如："绩"丢失了"纟"变成"责"；另一种是遗漏了部分部件后，汉字不成字，如"懂"遗漏了"艹"，剩下的部件不成字。其二为部件的增加，即留学生在书写汉字时误加了部分部件，如把"相当"误作"想当"。其三为部件误用，即留学生在书写汉字时将一个部件误写作其他部件。其四是部件错位，留学生在书写汉字时把部件左右或上下颠倒了，即所写的字与正常所写的左右方向相反，好像在镜子中所见到的那样，如把"部"写作"陪"。

（2）部件误用在韩国留学生部件层面书写偏误中占比最多，而部件错位占比很小。

根据数据统计发现，韩国留学生部件误用的比例最大，这类现象主要出现在由多个部件组成的汉字上，由于汉字部件较多，留学生在书写汉字时很难具体把握每个部件的正确与否。韩国留学生在部件误用上又可具体分两种情况：一是在书写过程中受书写汉字本身或其前后出现的汉字影响，把其中的某一部件误用到该汉字上。如"宁可"，留学生在书写时受"可"字影响，把"宀"下的"丁"误写作"可"。又如"努"由于受其中一个部件"女"的影响，将"努"中的"力"误作"女"，造成了书写时汉字部件的类化现象。二是受前期记忆或汉字部件出现的频率影响，韩国留学生在书写汉字的过程中常常在记忆中屏蔽了某些不常用部件，而用一些常用部件代替了该部件所在的位置。比如在写"游"和"取"时，韩国留学生容易把右边的部件误作"攵"。对于一些相似部件，韩国留学生在书写上也区分不明确，如"亠、宀、穴""犭、扌""衤、礻"等，经常会因混淆而出现书写偏误。

对于欧美等一些"非汉字文化圈"的汉语学习者而言，由于文字性质结构造成的拼音文字和非拼音文字截然不同的书写规则，导致了他们对部件的左与右、上与下、内与外之间的相互关系掌握不当的种种错位，即前文提到的"错位镜像"，在他们看来书写汉字与画汉字没有什么区别。而在这方面对韩国留学生而言就不会有很大影响，在书写汉字时部件错位的错误率小，仅占到0.6%，原新梅曾对36名非汉字文化圈的留学生做过相关教学研究，发现

---

①肖奚强.外国学生汉字偏误分析[J].世界汉语教学,2002(2):79.

"镜像错位"也就是我们搜集到的部件错位的偏误，是非汉字文化圈留学生汉字书写最典型的偏误之一，而韩国留学生这一类的偏误占比最少[①]。这从另一个侧面来说，也可以算是韩国留学生书写汉字的一个优势所在。

（3）韩国留学生对二部件汉字的书写偏误率较高。

汉字中的部件数量是有限的，那么汉字部件数量的多少是否影响韩国留学生的汉字书写呢？为此我们对搜集到的475个书写偏误进行了汉字部件数的统计。具体如表2-7所示：

表2-7　书写偏误汉字部件数的统计

一部件		二部件		三部件		四部件	
偏误字数	85	偏误字数	275	偏误字数	89	偏误字数	19
偏误占比	18%	偏误占比	58%	偏误占比	18.90%	偏误占比	4%

我们把搜集到的语料进行了部件的拆分，拆分到汉字的末级部件，例如"倍"可以拆分为"亻、立、口"。在统计的汉字中，最少的部件数为一个如"乞"，拆分的部件数最多的是四个，如"潜"。表中数据显示，韩国留学生在书写两个部件的汉字时出现的偏误率较高，比如"知识""改变""地球"，它们都是不同学生出现多次书写偏误的汉字，而少部件和多部件的汉字书写出错率相对较少。这与汉字笔画数效应统计的数据有一定的相似之处，那就是都呈现出"两头少，中间多"的特点。

4.整字偏误特点分析

（1）整字层面的偏误率表现为：同音误用，近音误用，近形误用。

汉语中音节的数量是有限的，大约400个，与之相对的汉字的数量却多得多。汉字中形、音、义三者的关系是错综复杂的[②]，汉字的形、音、义有同、近、异的现象，当其交叉时，便出现了一形多音多义、一音多形多义、一义多形多音，形近、音近、义近以及形、音、义各自相异的现象。由于汉字中同音、近形字相对较多，这对把汉语作为第二语言的人韩国留学生来说更是学习中的难点。由于学习起来较难掌握，韩国留学生经常会出现同音字

---

①原新梅.非汉字文化圈留学生汉字偏误"镜像错位"析[J].河南社会科学,2003(6):134.

②邵敬敏.现代汉语通论[M].上海:上海教育出版社,2007:85.

或近似音字之间相互替换的现象，造成偏误。研究发现，在学习汉字的初级阶段，留学生的汉字学时比较少，笔画和组字字符往往书写不规范，常常出错，这是因为留学生识字较少，写别字的频率低。而到了学习汉字的中高级阶段，留学生的汉字学时水平逐渐提高，错字也随之减少，又由于识字较多，形近字和音近音同字互相干扰，写别字的频率有所上升①。在笔者搜集到的韩国留学生语料中，也发现了类似的偏误特点，具体来说，主要是同音误用、近音误用及近形误用三大类。同音误用主要是指留学生把一个汉字写成了与之音节相同的另一个字，比如汉语中的"厉""历"，由于读音相同，在具体语境书写时，留学生很难区分在何时用何字。近音误用指的是读音相近汉字的误用，最具代表性的是把"我不要忘记朋友们的真诚"中的"真"误作"精"，这是因为韩语中没有"zh、ch、sh"这样的卷舌音，留学生在发音时无法正确掌握汉字的读音从而造成了汉字书写时的近音偏误。

（2）韩国留学生整字层面上别字率高于错字率

总的来说，韩国留学生在同音、近音、近形这三个层面上，写错字比写别字的比例要低很多。写错字主要是因为留学生对汉字的构形掌握存在问题，把本不该组合在一起的部分误写为一体，而写别字很有可能是因为学习者对汉字的音、形、义的统一性上掌握不到位。在所统计的数据中我们可以看到，近形误用在整字偏误中所占的比例最大，留学生将字形相似的字误用作正确的书写形式，这在韩国中级班留学生的作业中出现的频率较高，也就是说写近形字是韩国留学生书写偏误的一大特点。汉字是一种平面文字，与拼音文字的线性排列有很大的不同，随着留学生汉字量的增大，形似字的数量必然越来越多，也就意味着同音字的数量越来越多，字的音、形、义的对应关系越复杂，这就客观上增加了汉字的学习难度，韩国留学生在书写汉字的时候也就必然会出现这样偏误特点。

（3）从汉字结构类型上来说，左右结构的汉字书写偏误率最高。

韩国留学生整字方面另一个偏误特点的是，按部件来看汉字的部件书写完全正确，但是对于汉字部件的组合上把握不到位，容易把上下结构的字误写左右结构的汉字，如把"茫"误写成"氵"和"芒"的组合。也就是说韩国留学生对于汉字的结构类型掌握还不到位。

现代汉字的结构类型有两种：一种是独体字，指的是无法分离出两个或

---

①"外国学生错字别字数据库"课题组."外国学生错字别字数据库"的建立与基于数据库的汉字教学研究[J].语言教学与研究,2006(4):6.

两个以上部件的汉字，在汉字中3%到5%；另一种是合体字，是指由两个或两个以上部件组合而成的汉字①。邵敬敏在《现代汉语通论》中按照层次分析法将合体字的基本结构模式分为左右结构、上下结构、包围结构三大类。了解汉字的一些基本组合方式，在书写汉字时有意识地运用这些知识，可以使写出来的汉字准确、均匀、紧凑、美观。那么汉字的结构类型对韩国留学生书写汉字是否具有影响呢？我们根据邵敬敏对合体字基本结构模式的分类把搜集到的语料进行了统计（因为调查对象为中级班的韩国留学生，在他们的文本中用到的汉字量基本相同，所以我们只抽取了一位留学生的作业作为样本），统计数据显示，留学生作业所用汉字中，左右结构的字占比最多约为41%，其次是上下结构的字约为19%，包围结构的字最少仅10%，独体字占到30%。对于留学生书写的偏误汉字我们也进行了结构类型的统计，具体结果如表2-8所示。

表2-8　书写偏误结构类型统计

	独体字	合体字		
		上下结构	左右结构	包围结构
偏误个数	44	134	235	26
偏误比例	9.30%	28.40%	49.50%	12.70%

在韩国留学生出现的475个书写偏误中左右结构的汉字书写出现的偏误率最高达到了49.50%，近乎一半的书写偏误都出现在左右结构的汉字上，其次是上下结构的汉字，居于第三位的是包围结构的汉字，占比最小的是独体字。而与样本量相比较后我们可以看到，左右结构的字因为比较多，所以出错率也较高。而用到的独体字约为30%，但偏误率仅为9.30%，也就是说独体字是韩国留学生书写汉字时较其他结构类型掌握较好的一类，而左右结构的汉字由于平时运用的频率比较高，出错率也相对较高，则也是韩国留学生在平时需要加强书写训练的部分。

①邵敬敏.现代汉语通论[M].上海:上海教育出版社,2007:83.

三、韩国留学生汉字书写偏误成因分析

（一）偏误成因理论依据

赵金铭先生曾指出："汉字本身是一个系统，应作为一个独立的系统来进行教学。"[①]也就是说，汉字教学在对外汉语教学中极为重要。然而，汉字是表意文字，同音、近形字较多，留学生写错别字也在所难免。那么究竟是什么原因导致留学生在书写过程中出现偏误呢？长期以来，学者们对汉字书写偏误成因进行了不少的研究和探讨，主要涉及汉字本身、学习者、教学这三个方面：

首先，汉字自身对于汉字教学的影响。冯丽萍对非汉语背景的25名留学生进行了定量实验发现，字形和语音都是留学生识别汉字中出现偏误的原因[②]。马燕华通过分析初级汉语水平的欧美留学生汉字仿写、听写、默写错误的统计发现，影响他们真假字判断的主要因素是笔画的增减[③]。刘丽萍通过实验，分析了汉字笔画数与结构方式对留学生认读和书写汉字的影响[④]。其次，学习者因素对汉字教学的影响。杜同惠认为留学生书写错误的原因主要来自认知、习惯、学习态度等三个方面[⑤]。吴世雄、冯丽萍引用了认知心理学关于汉字认知的有关研究结果来解释外国人习得汉字中出现偏误的原因[⑥][⑦]。江新研究了母语背景和汉语学习的关系[⑧]。吴门吉等采用注音、听写、选择填空等实验方法，对欧美、韩国、日本89名学生的汉字认读书写习得情况进行了调

[①]转引自：杨翼.高级汉语学习者的学习策略与学习效果的关系[J].世界汉语教学,1998（1）:88-93.

[②]冯丽萍.非汉字背景留学生汉字形音识别的影响因素[J].汉字文化,2002（3）:47-49.

[③]马燕华.论初级汉语水平欧美留学生汉字复现规律[J].汉语学习,2002（1）:52.

[④]刘丽萍.笔画数与结构方式对留学生汉字学习的影响[J].语言教学与研究,2008（1）:89.

[⑤]杜同惠.留学生汉字书写差错规律试析[J].世界汉语教学,1993（1）:70-72.

[⑥]吴世雄.认知心理学的记忆原理对汉字教学的启迪[J].语言教学与研究,1998（6）:85-94.

[⑦]冯丽萍.汉字认知规律研究综述[J].世界汉语教学,1998（3）:97-103.

[⑧]江新.不同母语背景的外国学生汉字知音和知义之间关系的研究[J].语言教学与研究,2003（6）:51-57.

查，旨在考察不同文字背景对汉字学习的影响[①]。再次，教学因素对汉字教学的影响。柳燕梅、江新通过21名受试参与者的实验对比，发现在学习汉字时，采用回忆默写法比重复抄写法具有更好的学习效果，在字形掌握方面尤为明显[②]。郝美玲、舒华采用类似于课堂的学习—测验—迁移任务，考察利用教学手段能否使初级阶段留学生的留学生在短期内意识到汉语形声字声旁的表音功能，实验证明教学手段可以引导留学生发现声旁的表音功能并积极加以利用，以此来促进教学[③]。

（二）汉字书写偏误成因

按照文字的构型依据来看，世界上的文字分为两大体系：一是拼音文字体系，二是表意文字体系。韩文无疑是属于第一大类的拼音文字，它是一种黏着语，通过助语来表达语法意义。韩文是以字为单位，一个字记录一个音节，因此音节的界线很分明，韩文的音节结构与韩文结构类型有一一对应关系，与英语类似，人们从韩文的结构上可以解读出韩文的音节结构。而汉语属于孤立语，它是用语序表达语法意义。对于一个不识字的人来说，看到一个汉字根本无法从字形上获知这个汉字的读音。两大体系的差异对韩国汉字学习者来说无疑是学习中的一大难点。在搜集到的韩国中级班留学生的偏误中，以别字和错字为两大偏误类型，其中错字以字形错偏误最多，而出现别字的原因多是由于形相似或音相近而导致的，同音且近形字出现偏误的频率同样很高。针对中级班韩国留学生书写中出现的偏误特点，笔者从宏观和微观两个角度来分析韩国留学生出现偏误的原因。首先从汉字与韩文笔画、部件、结构三个方面进行对比，分析汉字与韩文书写的区别特征；再试图进一步分析造成韩国留学生书写偏误的深层原因。

1.笔画书写偏误成因

（1）汉字笔画的多样性是韩国留学生笔画书写偏误的一大原因。

汉字被称为"方块字"，基本的书写单位是笔画，现代汉字的基本笔画有横、竖、撇、捺、提、折、点这七大类，而由基本笔画构成的衍生笔画数量

---

①吴门吉,高定国,肖晓云,等.欧美韩日学生汉字认读与书写习得研究[J].语言教学与研究,2006(2):64-71.

②柳燕梅,江新.欧美学生汉字学习方法的实验研究[J].世界汉语教学,2003(1):65.

③郝美玲,舒华.声旁语音信息在留学生汉字学习中的作用[J].语言教学与研究,2005(4):46.

非常多，由于这些现有的笔画形变的规律性还不够规范，形变规则过于复杂，也就造成了留学生掌握起来难度很大。例如"横折弯钩、竖钩、竖弯钩"等笔画，留学生在书写时很容易遗漏"钩"笔的写法，这是因为韩文里"横、竖"笔形相对较多，也有少量"撇笔、捺笔"，但是没有带"钩"的笔形[①]。再者，汉字笔画与笔画间的位置关系也比较复杂，有相接、相交、相离三种。一笔一画的先后组合排列就构成了一个汉字，不同的汉字具有不同的书写特征，如"永"一个字就包含了所有的笔画特征，这些复杂的笔画关系对于韩国学生来说掌握起来比较困难。

（2）汉韩笔形的差异是造成韩国留学生笔画书写偏误的又一重要原因。

虽然历史上韩文与汉字存在着一定的渊源，但是它们在书写特征上存在的差异性是不容忽视的。韩国学者在分析韩文形体时，把韩文的笔形归并为"横线、竖线、斜线、圆圈"这四大类。与汉字笔形相比较，韩语笔形与笔形之间的组合关系相对简单，一般只是笔画间相互接触，笔画相交的情形不多，这就是造成韩国留学生笔画误用的主要原因。如"使"字的第三笔与第七笔本该相交，但韩国留学生只写成相接。而"便"的第三笔与第八笔本该相接，留学生在书写时误写成相交。由此可见，无论是从笔画类型还是书写方式来说，书写汉字的复杂程度远比书写韩文高得多。韩文的四种笔形可以结合构成所有韩文字素，大部分的韩文字素是由横、竖笔构成的。汉语中虽然基本笔画只有七大类，但是衍生笔画却非常之多，韩文中有"竖"笔，"竖钩"的笔形韩文里却没有，在书写"扌"旁或者带有"钩"笔的汉字时，韩国留学生经常会遗漏。再比如，汉字笔画层面的"点"笔的书写上存在着很大问题，究其根本的原因是韩国现行文字里面不存在"点"这一笔画，加上留学生因为点作为笔画过于简单，在记忆时只记大概的轮廓，而不从细微处观察如何书写"点"笔，因此忽视了"点"的笔形。此外，"以点收笔"的习惯心理也会造成在书写汉字时误加"点"，有的位置并不处于字的下部，而是处在字的上部或中间，但是，笔顺规则是否要求这些字的"点"为全字的最末一笔？如"戈""成""浅""凡""叉""丸""丹"为"等。由于此种"习惯"心理的影响，本来不是末笔书写的"点"，不少留学生却喜欢将它们作为书写汉字时的最后一笔。或者是由于书写习惯把一些没有"点"笔的字加上了"点"，如"庆"里的"大"写成了"犬"，"床"里的"木"字写成了"术"。也就是说韩语的负迁移是造成韩国留学生"点"笔、"钩"笔书写偏误

---

①郭圣林.韩文对汉字字形习得的正负迁移[J].云南师范大学学报,2010(5):42.

的主要原因。

（3）其他相关因素。

对于韩国留学生出现的笔画增减、误用方面的偏误，从留学生角度来说，是留学生在学习汉字的时候学习态度和学习策略的不明确导致的。他们认为学习汉字就是用来应付考试，心理上偏向于认为汉字难学，对汉字真正有兴趣的人不多。在学习的过程中也是大致在脑海中想象一个字如何去书写，对汉字的间架结构并没有完全的去把握认知，只记住大概轮廓，而不注重汉字局部细节，所以极有可能会增加或减少部分笔画。对于一些笔画误用，主要是由于留学生没有理解、认识、掌握好笔画之间的配合协调性。

笔画层面上，除了汉韩笔形的差异及韩国留学生汉字书写习得心理等因素外造成偏误，当然其中也有一部分原因是教学方面造成的。在教学的过程中，一方面，教师忽略了笔画教学，在教学中可能留学生对基本笔画还没有完全掌握就急于教写整字；另一方面，对于一些汉字中相似的笔画，如"竖钩"与"竖"，"横"与"横折"等的区别性特征强调不够，教师忽视了对字形书写特征的研究也就造成学生在书写时出现偏误。这种重理据而轻字形、重部件而轻笔画的教学形式，以致连一些口语水平已经进入中高级阶段的留学生仍有类似的书写错误[①]。教师在课堂教学中没有做好书写示范或书写潦草也是形成笔画偏误的重要因素，或者是根本没有意识到需要一笔一画地书写，有些时候重要的笔形一笔带过，这是留学生出错的重要原因。

2.部件书写偏误成因

（1）汉字常用部件的相似性是韩国学生部件书写偏误的一大原因。

在搜集到的韩国留学生的部件书写偏误中我们发现，偏误点与汉字部件自身的特点有一定的关系，一些常用汉字部件虽然在汉语意义上没有什么联系，但往往因为这些汉字的部件相近、相似，加上韩国留学生对汉字的字体的间架结构印象比较含糊，只记住大概的字形或者其中的一部分，而忽视了它们之间的细微差别，从而混淆了一些相似的部件。从汉字结构单位来看，汉字的部件多为形似，其差别往往只在一笔两笔之间，如"广"和"厂"、"准"字和"淮"字中的偏旁，"衣"字旁和"示"字旁等，或者笔画数相同区别仅仅在于笔画的长短有别，如："土"和"士"，"贝"和"见"，都是韩国留学生难以区分辨别且出错率较高的汉字部件。再者，汉字被分为独体字和合体字，常用汉字有2 500左右，对于独体字来说可以单独成字，当一些独

---

①施正字.外国留学生字形书写偏误分析[J].汉语学习,2000(2):39.

体字与独体字组合时又可以组合成合体字，这些汉字组合上的复杂性，在客观上也加重了韩国留学生的记忆负担。

（2）韩文字素与汉字部件的组合差异是造成留学生书写偏误的重要原因。

部件能够提供足够的信息帮助学习者猜测和推断字义，学习者可以根据汉字的声符与意符来推断一个汉字的大致读音和义类所属，这对于提高留学生的识字水平很重要。部件的数量有限，而且同一个部件重复出现在不同的汉字中，因此只要掌握了一定数量的部件及其位置关系，汉字的记忆和书写就会容易很多。然而在学习的过程中，汉字部件偏误在韩国留学生中所占的比例也非常大，韩国留学生出现偏误的原因也是有规律可循的。在韩文体系中，字素是韩文的基本构字单位，二到四个字素构成一个字，这与由部件构成汉字有相似之处。但韩文字素在组合方式上，其元音和辅音字素在各个结构类型中的组合位置是绝对的，不能把元音字素放置在辅音字素的位置上，也不能把辅音字素放在元音字素上，否则就违背了韩文合字法的规律，不能成字。对于汉字而言，笔画与笔画的组合构成部件，末级部件的划分数量有近百个，由笔画和部件组成的常用汉字有几千个，它们之间只能通过细微的差异来区别，且一些常用部件的组合方式非常灵活，例如在"吃、只、回、加、可"这一组汉字中，部件"口"在各个汉字的位置都不相同。汉韩文体系统的差异是造成韩国留学生在部件书写上出现偏误的重要原因。

（3）其他相关因素。

历史上汉字在韩国使用了两千余年，汉字记载了韩国的大量历史文献。在韩国有超过40%的商品输出到汉字文化圈国家，70%以上的外国游客亦来自汉字文化圈国家。出于旅游、商务等各种各样的原因，韩国很多企业规定，如果汉字应用能力达不到一定的水平，就不能升职。然而笔者对3名韩国留学生做了学习目的的相关访谈发现，他们学习汉语旨在用来沟通交流，而对于汉语的书面语没有足够的重视。也就是说，一些韩国汉语学习者存在着重汉语口语、轻汉字书写现象，许多韩国留学生来中国学习汉语的目的就是会话、交流，忽视了汉字书写的学习。

从教学的角度来看，留学生汉字学习一般只能依附于精读课、阅读课，然而精读、阅读课的重点不在汉字教学。这样汉字教学在时间上得不到保证，从而导致汉字的部件、结构等教学内容在课堂上得不到系统的、详细的讲解，教师在课堂上对汉字的部分只能泛泛而谈，教师重点关注的是词汇的意思和用法留学生是否能够掌握。再加上留学生对汉字的部件、间架结构掌握得不好，因此，留学生在书写汉字过程中出现了类似汉字部件混淆和增损的偏误现象。在教学技巧上，也有些教师在汉字教学过程中，仍然沿袭传统的教学方法，把教中国人汉字的方法用到外国学习者的身上，没有考虑到学习者背景的极大不同，这无疑也会导致留学生在汉字学习中出现漏洞。

3. 整字书写偏误成因

（1）汉字音、形、义的复杂性是韩国留学生书写整字偏误的一大原因。

汉语不光同音字多，音近字、形近字、形音相近字也很多。汉字是音、形、义三重结合体，导致韩国留学生出现整字偏误，追其根本就是在汉字认读的过程中只注重了汉字的读音，而忽视了汉字字形和意义，总体上来说还是没有把握好音、形、义三者的关系，从而书写汉字时出现偏误。当然，韩语对韩国学生习得汉字也有一定的影响，韩语中每一个词都是由固定的字母通过不固定的组合来构成，一个读音只会有一种拼法。而汉语不同，汉语的同音字很多，不同字可以表达不同的意思。韩国留学生习惯于可以直接拼读的拼音文字，只要看到这个词就可以发出这个音，可以不知道其含义；反过来，从发音也能拼合出词形，发音和词形是一体的，书写起来也相对容易。而汉字虽然也是形音义的结合体，但演变至今，有些汉字的形音义之间已经失去关联，或者关联不够明显。例如，"部、郁、郑、邓、绑"等字都含有右耳旁，但是它们的读音和字义无一相同或者相似，书写起来就更容易混淆。在记忆不牢的情况下，学习者的大脑便会搜集记忆中的这些音同或音近的字，结果就会出现别字。李大遂的抽样测试显示：中高级留学生对汉字的字音掌握较好，对字形的掌握最差，韩国留学生亦是如此[1]。在学习汉字时既要辨认字形本身的结构，又要建立字形与字音、字义之间的统一联系，识记汉字的过程成了一种复杂的思维活动，这就是对于韩国学生来说汉字难学难记的原因。

（2）汉韩文字结构的差异性是韩国留学生书写整字偏误的重要原因。

在汉字间架结构方面，"一个汉字，不论它是独体字还是合体字，不管它的笔画多还是少，都占据同样大小的方格，不管写得大还是小，笔画、部件的组合位置、比例关系都是相对固定的"。这是因为，多数汉字是由几个成字部件组合而成的合体字[2]，而各成字部件就是可以独立成字的独体字。因而汉

①李大遂.中高级留学生识字量抽样测试报告[J].暨南大学华文学院学报,2003(5):12.
②郭圣林.汉字的笔同特点——外国学生汉字笔画偏误[J].暨南大学华文学院学报,2008(4):68.

字必须要结构紧密，否则由几个成字部件组合而成的字就会被识别成几个字，如"怒"是由三个成字部件"女、又、心"构成，一旦学生书写时结构不紧密，很容易会被看作是三个独立的汉字。而韩文在传统的书写形体中也采用间架结构的模式，但是其间架结构并不构成韩文书写的本质特征。韩文的基本构字单位为字素，它不能单独成字，必须二到四个字素才能构成一个字。因而由几个字素构成的一个字，即使学生在书写时结构松散一点，也不会被识别成几个字。所以韩国留学生在书写汉字时，受母语影响并没有强烈的间架结构意识，汉韩文字这种间架结构的组合差异成为韩国留学生书写汉字偏误的成因之一。

（3）其他相关因素。

当然，如果留学生在汉语书写中不注意区别，粗心大意了也会出错。留学生出错，其实最大的原因来自自身，如果不下功夫，再好的语言环境，教学方法，有再充足的时间，都不可能学好，学扎实。从教学的角度来说，汉字教学在对外汉语教学中没有得到足够的重视，教学内容缺乏科学性和系统性，作为记录语言的符号，汉字教学始终处于语言教学的附属地位。韩国留学生难以在短时间内形成汉字形、音、义一体的概念。教学内容的无序和教学方法的单一性也是造成留学生偏误的原因之一。长期以来汉字教学法一直停留在板书示范、逐字教写、领读正音的水平上。反复听写、多练多写、死记硬背成为留学生掌握汉字的主要途径。专门教授汉字的课程不多，或者仅把汉字作为选修课程，也是导致留学生掌握汉字程度不高的客观因素。在课堂上，可能会出现为追赶教学进度而忽略板书或书写板书字迹潦草的现象。随着多媒体技术在教学中的普遍运用，PPT教学严重减少了教师在课堂中汉字书写、演练的时间，这也为韩国留学生汉字书写偏误埋下了一定的隐患。

四、针对韩国留学生书写偏误的相关教学建议

（一）汉字教学成果分析

汉字学习是汉语学习的重要基础，汉字掌握的程度直接关系到韩国留学生汉语学习水平的高低及听说读写能力的全面发展。有关汉字教学方面的研究成果也是相当丰硕的。如：朱志平、哈丽娜考察了两组波兰学生与一组美

国学生的汉字习得情况，并指出汉字正字法的掌握是习得汉字的关键所在①。江新探讨汉字频率和构词数对汉字学习效果的影响等②。许翠英的硕士论文从泰国汉字教学的实际出发，认为需要循序渐进安排汉字教学内容，采用针对性、科学性、实用性强的教学策略和方法，以全面、有效地提高汉字教学的效果③。柳燕梅通过问卷分析的形式，证实了汉字学习策略是可以"教"给学生的，且这种策略训练是有效的④。李俊红、李坤珊通过对杜克大学中文项目起点班学生进行测试，论证了部首对于汉字认知的重要意义⑤。

（二）针对韩国留学生的偏误点进行汉字教学

1.对韩国留学生笔画教学

（1）基本笔画教学不容忽视，尤其是"点、横、提"笔应加强教学。

笔画是构成汉字的最基本元素，对笔画进行全面的分析是从整体上识记汉字的基础工作，因此我们在对外汉字教学中重视汉字笔画教学是十分必要的。一个汉字无论它有多么复杂，都是由几个基础笔画有序的叠加、相接、串联而成的，现代汉字以直线为笔画特征，以直角或锐角为转折处特征⑥。汉字基本笔画仅有"横、竖、撇、捺、提、折、点"七种，在教学过程中我们可以先教会学生学写并写好这几个基本笔画，然后再逐步加大难度教写一些衍生笔画。

对于韩国留学生来说尤其是出错率较高的"点、横、提"笔在教学中应有所加强。可以试着让留学生尽可能记住这些笔画的名称及写法，以帮助记忆。也可以教笔画的同时让韩国留学生接触一些简单的包含这些易错笔画的

①朱志平,哈丽娜.波兰学生暨欧美学生汉字习得的考察、分析和思考[J].北京师范大学学报(社会科学版),1999(6):88.

②江新.汉字频率和构词数对非汉字圈学生汉字学习的影响[J].心理学报,2006(4):489-496.

③许翠英.泰国汉字教学的现状与教学对策研究[D].厦门:厦门大学,2008:1-48.

④柳燕梅.汉字策略训练的必要性、可教性和有效性的实验研究[J].世界汉语教学,2009(2):280-288.

⑤李俊红,李坤珊.部首对于汉字认知的意义——杜克大学中文起点班学生部首认知策略测查报告[J].世界汉语教学,2005(4):18-33.

⑥范可育.从外国学生书写汉字的错误看汉字字形特点和汉字教学[J].现代汉字,1993(4):29.

独体字，以便加深书写记忆。比如带有"点"笔的汉字，留学生在书写的时候易出现误加和遗漏的偏误，教师在教写的时候特别要注意的就是一些加"点"笔成字，不加"点"笔同样成字的汉字的教学，如"大"与"太、犬"此类的汉字，可将它们作字形对比，"点"笔在不同的位置，汉字也就成了不同汉字。

（2）笔画书写规范化是韩国留学生汉字书写中需要重视的地方。

对于韩国留学生来说，介于多笔画与少笔画之间的一些汉字是易错点，书写一些不规范字也是比较常见的现象，如何减少"横"笔与"撇"笔的误用，一个笔画何时该写长一点何时又应该写短一点，这些都有一定的讲究，否则就会有不规范字的出现。这一方面反映出了汉字的复杂性，另一方面就要求教师在教学中要细致地教写。比如，"使"字撇笔要出头，"便"字撇笔不出头；"着"字上面有两点，"看"字起笔是一撇。成熟的母语读者能及时发现自己的字形书写错误，减少字形错误。留学生则不然，教师如果不做好示范并对留学生的书写错误及时纠正，他们常常意识不到自己的错误。教师在教学中的良好示范是非常重要的，一个汉字书写时起笔在哪，收笔在哪，运笔方向如何，都是留学生需要掌握的，教师可用动态的过程向学生演示、示范，让留学生在课堂上模仿，这样既可以让留学生认识到笔画在汉字构成中的重要性，又可以提高留学生学习汉字的兴趣。

当然，仅是教师教学示范远远不能让韩国留学生提高汉字书写水平，教学中适度的练习也是相当重要的。从书写元素看，在组成常用汉字的基本笔画的使用频率为77.82%，笔画越多同类笔画的重复率就可能越高[①]，所以多写多练必然是提高汉字水平的好方法。汉语教师首先要提高自身的汉字书写水平，在教学的过程中，教师要尽可能在课堂板书上做好示范，同时，在留学生听写或批改作业时做好纠错监控，注意针对留学生的汉字偏误现象做有效的讲评，做到有错必纠，对留学生严格要求，使他们养成良好的笔画书写习惯。

2.对韩国留学生部件教学

（1）重视汉字部件教学，尤其是相似部件区别性特征的教学。

部件是把握汉字规律的钥匙，利用部件教授汉字，就是要充分利用汉字

---

①刘居红.对外国学生汉字书写偏误的分析——兼谈汉字教学[J].喀什师范学院学报，2008（2）:95.

的可分析性和部件的音、形、义特征，提高识记汉字的速度和质量①。相关的心理学研究表明，部件是汉字识别的单元，它是直接建立在笔画激活基础上的认知层次，有较强的特征分析属性，其激活是具体的、有特定位置的②。我们必须遵循记忆规律，让留学生在学汉字时首先接触基本部件（包括成字部件和不成字部件），然后按从常用到不常用、从易到难、从简单到复杂将这些基本部件组合为汉字教给留学生。韩国留学生在书写相似部件的汉字时容易错乱，这就要求教师要注重一些相似部件的区别性特征的教学，教写汉字时重视部件的内涵意义。多数部件都有可称谓性、较为固定的含义或表音性，例如：很多独体字本身就是一个部件，如"木、火、日"等，这类部件不仅具有可称谓性，还多在汉字中具有表义或表音的功能，对留学生而言，掌握它们是件容易的事。学习部件的同时也为将来学习多部件字打下了基础，因为很多合体字都是由独体字组合而成的。还有一些部件虽然本身不能单独成字，如"氵、亻、灬"等，但有可称谓性，在汉字意义的理解上起着非常重要的作用。比如："氵"一般与水或其他液体有关；"亻"一般与人的品质道德、动作行为等有关；"灬"一般与火有关等。所以我们在具体的部件教学中应当恰当利用部件的可称谓性来提高韩国留学生的学习效率，减少偏误。

（2）重视二部件汉字的教写，教学中可适当引入相关汉字文化。

部件教学是使汉字字形与字义相结合的一个有效手段。由于韩国留学生对于二部件汉字书写的错误率较高，在教学中需要重视。韩国留学生具有汉字感性印象，部件教学中可适当引入相关汉字文化的教学。笔者在翻阅相关教材时发现，针对汉字教学的相关教材比较少，或者也是穿插在一些综合课本之中，而肖奚强先生主编的《汉语初级强化教程》在课文之后单独设立了汉字知识板块的形式就非常好。如课本中第二十一课："足"大多用在字的左边，意义多与脚或脚的动作有关；"巾"旁的汉字意思大都与布有关；与衣服有关的字都有"衤"字旁：袜、裤、袖、袍、被、袄等都与衣服有关③。以后留学生在运用时一想到要写的字与衣服有关的字，就不致于写成"礻"字旁，这种将汉字文化教学融入汉字教学的方法可以帮助留学生记准偏旁。当基本部件经过一段时间的反复学习和多侧面、多角度的认读与书写的训练，

---

①崔永华.汉字部件和对外汉字教学[J].语言文字应用,1997(3):53.

②徐彩华.汉字教学中的几个认知心理问题[J].北京师范大学学报(人文社会科学版),2006(6):128.

③肖奚强.汉语初级强化教程——综合课本.2[M].北京.北京大学出版社,2008:5.

使留学生对汉字有了简单的感性认识之后，他们就会在今后的汉字学习中，自觉或不自觉地进行学汉字的比较、区别、联系，这就为以后的汉字学习打下了良好的基础。教师在教学中也可适当引入汉字造字法的相关文化，比如教师在教学中可以用相关动作进行看字模拟，用一只手放在眼睛上方摆出"远眺"的姿势，再在黑板上写出"看"这个汉字，上面一个"手"下面一个"目"，留学生就很容易把握汉字的字形。

3.对韩国留学生整字教学

（1）重视近音、同音汉字的教写，特别是对近形汉字的辨析。

对于韩国留学生来说读准汉字、读好汉字不失为一个在书写中避免近音汉字偏误的有效途径。心理语言学的大量研究表明，任何语言的书写系统都与口语系统存在一定的对应关系，这种对应关系的掌握可以使学习者学习语言的过程大大简化[①]。如果韩国留学生对汉字的读音把握准确，在书写中就可以有效地减少将"幸福"写成"幸富"，将"二十四"写成"二十西"的现象。对于韩国留学生易错的同音汉字，教师可以将汉字组词或者营造一定的语境组合成造句记忆书写，对复合词占绝大多数的汉语来说，这种做法的重要性是显而易见的。比如"变"与"便"读音相同，如何进行字形的记忆呢？教师可以将汉字组词"变化"与"方便"，并板书演示。如果教师能有计划地从这一方面进行引导和扩展，留学生的汉字书写水平一定会有很大的提高，同时词汇量也会有快速的发展，这对阅读理解和书面表达能力的提高也是大有裨益的。

将汉字构形规律引入教学课堂，对韩国留学生来说是辨析近形汉字的好方法。汉字中形声字约占80%的比重，形旁在表示字义的类属方面起着一定作用。韩国留学生认识的汉字已经不少，但对汉字字形的了解却不够，就会混淆近形汉字，因此，对韩国留学生来说汉字的象形和形声原理启发式教学法非常重要。通过汉字字形分析，让学生认知汉字的根本规律，有助于把握汉字的本质属性[②]。根据施正宇先生研究，"3 500个常用汉字中共有形声字2 522个"其中"共有形符167个"。形声字形符的有效表义率为83%，其

---

①郝美玲,舒华.声旁语音信息在留学生汉字学习中的作用[J].语言教学与研究,2005（4）:46.

②李银庆.韩国汉字教育和对韩汉字教学观察与思考[D].天津:天津师范大学,2011:36.

中直接表义率为79%，间接表义率为4%，形符不表义的仅占17%①。教学中应该重视教会留学生认识到字与字之间在形体上的差别，使留学生建立字义与字形之间稳固的、有效的联系，理解汉字字义与字形之间的特殊关系。利用形符讲解汉字可以帮助学生理解字义，还能够达到记一个就记一串的目的，有效地减轻留学生的记忆负担。

（2）注重汉字书写练习，把握汉字的构形规律。

对于韩国留学生来说由于汉韩文字在间架结构上的一些差异，造成了某些汉字书写上的偏误。比如把一个合体字"婚"写成"女"与"昏"；把上下结构的字"茫"写成左右结构"氵"与"芒"。所以，要让留学生在练习中把每一种笔形，把汉字写正确，写端正，就要把笔形和常用例字紧密结合起来，加深体会。进行书写练习的主要目的是帮助记忆汉字的笔画和构字成分，同时也为了熟悉和掌握方块汉字的字形特征和间架结构。学写独体字是进一步学写合体字的基础，正确、熟练地掌握300多个独体字的写法，熟悉和掌握合体字间架结构的组合和配合规律，是行之有效的方法。留学生应在教师的有效指导之下勤写多练，教师要现场观察，指导，严格检查作业，及时发现问题，加以订正。可用示范、描红、临摹、观摩、自评、互评、订正等多种办法提高汉字教学的成效，尤其是订正要自始至终紧抓不放。如果只是在留学生出错后纠正一下就了事，那是起不到作用的。但如果在日常教学中，讲到留学生易出错的形近、音近字时，可以把这些字列举出来，组词搭配，进行比较，这样不断地重复积累，便会给学生留下深刻的印象。

（三）图式理论在对韩国留学生汉字书写教学中的相关设想

1.图式理论相关应用

从20世纪70年代末起，大部分的对外汉语研究关注的是如何"教"汉字，到20世纪90年代中期开始，学者们开始关注外国人如何"习得"汉字。此外，心理学界也开始关注汉字习得问题②。图式就是认知心理学的一个重要概念，最早指的是人的心理的一种整体组织结构。现代图式概念一般认为是由巴特利特提出的，他把图式定义为"一个表征记忆中储存的一般概念的数

①施正宇.现代形声字形符表义功能分析[J].语言文字应用,1992(4):76,78.
②王骏.外国人汉字习得研究述评[J].华文教育与研究,2011(1):42.

据结构"①。也就是人们过去的经历在大脑中的动态组织，并将图式这一概念运用到记忆和知识结构的研究之中。皮亚杰也十分重视图式概念，他指出，图式是认知结构的起点和核心。近几年来，它在语言习得中的实际应用性被越来越多的学者所接受。前期很多学者把图式理论应用于除阅读理解外的听力理解、词汇习得和翻译领域中。现在甚至有些学者从跨文化交际角度，将它应用于文化教学，更有一些学者从语用的角度探讨图式对一定语境下语言理解的作用，都为汉语习得做出了很多贡献。戴雪梅研究了图式理论在对外汉语阅读教学中的应用，采用语义场图式、构词法来指导词汇教学，并通过在两个不同班级采取图式教学法及传统教学法进行比较，得出图式法更有利于对外汉语阅读教学②。陈颖认为图式对于留学生听力理解有着重要的作用，在短文听解教学中应该帮助留学生建立相关的图式，比如篇章类型图式、篇章结构图式、文化知识图式等，掌握有效的利用图式听解策略，可以提高留学生短文听解的能力③。王尧美、张学广基于图式理论，对留学生阅读汉语篇章的心理过程与理解障碍进行了初步的分析发现，决定阅读能力的主要有三种图式：语言图式、内容图式和结构图式，在阅读教学中，教师要帮助学生形成、发展、激活和应用与阅读相关的各种图式④。

2.将图式理论运用于对韩汉字教学

汉字教学是对外汉语教学的一个重点。汉字教学不但需要遵循汉字自身的规律，还要符合学习者的学习规律，要使学习者在汉字习得的过程中潜移默化地感受到汉字的表义特点、汉字的构型规律以及汉字的系统性，只有在教学中遵循汉字构型规律，才能在保证教学质量的前提下提高学生的掌握程度。长期以来把图式理论运用到词汇、阅读、翻译等方面的教学已取得了丰厚的成果，如果将图式理论利用到对韩汉字学习上也不失为提高对韩汉字教学的一个好方法。图式理论指出，人认知层面上的图式不是固定不变的，而是不断的处于变化发展的状态中，这一发展过程是通过"同化""适应""平衡"这三种方式来得以实现的。对于中国人来说，由于大脑中已经有了语言和文化的相关积累，汉字的学习主要是以"同化"为主要特征，即通过纳入

---

①德里斯科尔.学习心理学——面向教学的取向[M].上海:华东师范大学出版社,2008:108.

②戴雪梅.图式理论在对外汉语阅读教学中的应用[J].汉语学习,2003(2):50-53.

③陈颖.试论对外汉语教学中短文听解图式的建立[J].语言文字应用,2005(4):42.

④王尧美,张学广.图式理论与对外汉语阅读教学[J].语言教学与研究,2009(6):68-73.

外界信息使已有图式不断扩大。而对于韩国留学生而言，汉语特别是汉字大都是一无所知，汉字的学习和掌握要改变他们原有的母语图式也就是拼音文字的书写体系，韩国留学生只有通过"顺应"的方式才能实现汉字的习得，留学生将不能"同化"的信息经过适当调节建立新的图式。

（1）学习初期教学内容的确定。

汉字教学是可以分阶段来进行的，每一个阶段教学方法和策略都要因前一阶段留学生知识积累的不同而变化。在汉字学习的初期，要让留学生有汉字的基本图式意识，即选择一些结构相对简单，部件数不超过两个的汉字，并且这些汉字的构字能力要强。也就是说，留学生在学写这些汉字时事实上已经掌握了更多汉字的书写方法，从而达到批量学写汉字的效果。汉字是根据字义为构形依据的表意文字，字形是其意义的载体，意义是汉字演变过程中的最主要依据。汉字的字形蕴含着它的意义，是演变的轨迹，因而汉字有严格的字形要求和规范，细微的书写要素代表不同意义。相关研究表明，以拼音文字为母语的学生在学习汉字的最初阶段，他们的大多数错字是书写元素的偏误造成的[①]。与使用拼音文字的其他学习者相比，韩国留学生在书写汉字时也与他们有共同的缺点，就是对汉字字形的细微差异不敏感。由于韩文在字形上的一些特征，韩国留学生必须加强对汉字字形结构的把握，不能依照自己的书写习惯随意"画"字。教学中要体现对汉字的正确理解，可以根据汉字自身和结构的特点增强形象和趣味性的教学。

（2）教学中教学方法的确定。

笔画是汉字书写的基本要素，也是识别汉字的最低层次，是汉字规范书写的关键，因而笔画教学是不可忽视的汉字教学的环节。大多数人认为，对于非汉字文化圈的学生来说笔画才是汉字教学的重点，因为他们母语的书写符号大都以曲线为主，而汉字以直线为其最主要的笔形特征，韩国恰好也有类似的笔形特征，所以笔画教学容易在教学中忽视。然而，通过研究发现，针对韩国留学生的汉字教学中的汉字笔画教学也是非常重要的。帮助留学生建立汉字笔画图式，即先掌握横、竖、撇、捺、提、折、点这七大基本笔画，再根据七大基本笔画掌握一些汉字笔画的形变，要从宏观上把握并构建"汉字基本图式"。

汉字是笔画和部件有理据的组合的结果。现在留学生在学习汉字书写的过程中往往只是单纯的模仿，这就造成了汉字书写部件混乱和音近、形近别

---

①朱志平.汉字构形学说与对外汉语教学[J].语言教学与研究,2002(4):35-41.

字的大量存在。如果留学生能够掌握一些汉字组合的理据，就不会只是凭着部件的相似或者字形、字音的相似来随意组合。如图2-2所示，表音度较高的一个部件"青"，教师在教学的过程中可以把相关的汉字都罗列出来，进而总结出与教学内容相关规律。不断强化"汉字基本图式"势必会促进留学生汉字的掌握。

青 $\begin{cases} 请\quad 情\quad 清\quad 晴\quad 蜻\quad & qing \\ 静\quad 精\quad 睛\quad 菁\quad 靓\quad & jing \end{cases}$

图2-2　与"青"相关的汉字

第三章　泰国中学零起点学生汉语声母、韵母听辨障碍的调查研究

汉字是汉语学习的难点和重点，它包括汉字字形、字音、字义等方面，汉语拼音是辅助汉语学习尤其是汉字读音学习的重要工具。为了更好地参与世界经济、文化等领域全球化进程，在泰国，掌握汉语越来越重要。在汉语各项言语技能中，听力是最为基础的一项，可理解的听力输入十分重要。随着汉语的普及，口头交际在人们的日常交流中越来越重要，这也要求听力的训练不可缺少。无论在日常生活中还是在汉语水平考试（HSK）中，听力都是必不可少的部分；另外，汉语专业毕业生很有可能从事外贸工作中的翻译或者导游工作，在日常交谈中，听懂对方的谈话内容是交际的前提。听是理解和吸收口头交际信息的基础，提高听力不仅有利于说、读和写这三项技能，还能为日常交际开展打下坚实的基础。因此，提高泰国学生的汉语听力能力，找出泰国学生汉语听力的重难点，十分重要且有意义，这要求必须加强泰国学生汉语听辨的重难点的研究。

找出泰国学生汉语听力的重点与难点，必须从听力内容小的因素开始，而且选取零起点的学生作为研究对象，原因是：因为汉语是泰国人的第二语言，而且声母、韵母是学习汉语的重要工具，"要学好普通话，首先需要发准每个声韵母。一个声母或韵母发音错了，或者是有缺陷，意味着难以发好所有带有这个声母或韵母的音节，说的普通话也一定是不标准的"[1]。此外，如果学生听惯、说惯不正确的语言后再纠正会很难。

---

①王明东.普通话声韵母教学"五步训练法"[J].滨州教育学院学报,1999(增刊):61.

一、研究现状

1.泰国汉语教学概况

近年来泰国汉语教学有较快发展，教学规模不断扩大，如陈记运指出"泰国汉语教学的规模：大学、中学、商业学校、语言中心及中国大学在泰国开设的分校一年又一年不停地增加，而且增加得很快"[①]。与此同时，教学中的问题逐渐凸显：一方面，泰国汉语教师的专业素质有待提高；另一方面，汉语教学出现师资力量短缺的局面。由于短期内泰国的汉语教学规模扩大而引发了汉语教师需求上的结构性失衡，目前泰国许多汉语教师并非汉语教学科班出身。因此，在其教学中往往缺乏教育学、心理学等理论指导，也缺少第二语言教学理论的有力支撑，造成教学上存在一定的盲目性。中、小学汉语师资的问题又造成了教材的选择面狭窄和标准的降低。除了师资和教材方面的问题外，泰国的汉语课时安排也存在一定问题。由于课时较少，特别是中、小学，往往只有精读课，于是汉语教学中各项言语技能无法单独教学。

2.泰国汉语听力教学研究

在汉语习得的听、说、读、写这四种基本技能中，听是获得语言信息最主要的途径，也是提高其他技能的基础。而提高听力水平，必须从音素入手研究汉语音素听辨。听辨能力是语言交际的基础，也是提高听力水平和语言教学质量的重要手段，若忽视听辨训练将会影响后期各项言语技能的教学质量和训练效果，不利于学习者汉语听力水平及整体语言能力的提高。目前，语音听辨在泰国的一些外语教学中应用较为广泛，但在汉语普通话教学中却没有得到应有的重视。语音教学主要围绕发音、正音、听辨进行，但教师往往对听辨较少涉及，偶尔才进行一些听辨训练，如：放录音，听磁带，学生跟读，校对答案，因而泰国汉语听力教学一般采取的教学模式是教师放录音—学生听—做题—教师提问—校对答案。在听力教学的几个步骤中没有把听辨单独作为一个专门的训练内容。大多数的泰国学校在课程安排上，听力往往是课时最少的课型。课时少，教师的积极性也随之降低，学生也会轻视听力课，因此汉语教师应对听力教学，尤其是听辨环节给予足够的重视，以提高汉语的教学质量。目前在泰国，一般专家研究语音方面时，顺便介绍一下

---

①陈记运.泰国汉语教学现状[J].世界汉语教学,2006(3):128-130.

汉语听力的现象，但此方面的专门研究甚少。

二、泰国学生汉语声母、韵母听辨障碍因素的调查与分析

1.汉语声母误听情况的调查与分析

（1）调查对象：泰国Pongpattanawittayakom School 零起点汉语班30名学生。

（2）调查方法：测试法。

（3）调查过程：对泰国Pongpattanawittayakom School 零起点汉语班进行声母听辨测试，把按照一定顺序排列的汉语拼音声母测试表（见表3-1）发给学生，然后播放打乱顺序的声母给学生听，让学生在听到声母后在自己的表格中填写数字顺序，如：播放的第一个声母是sh，学生们就在表格中sh的后面写1，如果播放的第二个生母是m，学生们就在表格中m的后面填写2，这样测试完21个辅音声母。每隔三天进行一次测试，共进行三次，三次测试声母的播放顺序不同，以此来分析测试对象汉语声母听辨的主要障碍并提出对策。

表3-1　声母测试表

b (___)	p (___)	m (___)	f (___)	d (___)	t (___)	n (___)
l (___)	g (___)	k (___)	h (___)	j (___)	q (___)	x (___)
zh (___)	ch (___)	sh (___)	r (___)	z (___)	c (___)	s (___)

（4）调查结果：学生对汉语拼音声母的误听情况如表3-2所示。

表3-2　泰国零起点汉语班学生汉语拼音声母误听情况统计表

声母	第一次误听数	第二次误听数	第三次误听数	误听总数
b	4	0	1	5
p	12	0	3	15
m	0	0	0	0
f	5	0	0	5
d	14	2	1	17

续表

声母	第一次误听数	第二次误听数	第三次误听数	误听总数
t	7	1	3	11
n	0	0	0	0
l	0	0	0	0
g	13	2	5	20
k	19	10	7	36
h	8	6	3	17
j	2	0	0	2
q	15	11	5	31
x	14	10	8	32
zh	17	5	13	35
ch	11	10	8	29
sh	25	7	14	46
r	0	0	0	0
z	12	7	10	29
c	24	13	1	38
s	26	0	9	35

以上的测试调查结果显示：同学们对m、n、l、r的听辨不存在问题。b、p、f、d、t、g、h、j的误听率较低，听辨错误率较高的是k、q、x、zh、ch、sh、z、c、s等声母。

（5）调查结果分析。

①声母测试中没有听辨错误的原因分析。

以上的测试结果显示：学生对m、n、l、r的听辨不存在问题。因为汉语普通话里的这几个声母发音与泰语很相似，如：近似m的泰语语音是ม，近似n的泰语语音是น，近似l的泰语语音是ล，泰语语音没有近似的发音r，所以大部分的泰国学生发r音的时候很困难。

②声母测试中听辨错误率较低的原因分析。

b、p、f、d、t、g、h、j的误听率较少是因为泰语中也有跟其相似的音素，例如：汉语的b近于泰语的ป，p近于พ，f相近于ฟ，d相近于ด，t相近于ท，g相近于ก，h相近于ฮ，j相近于จ。从表3-2内可以看出他们对这些声母的听辨错误主要在第一次测试，可以说明学生初期对输入的语音信息进行分析时，错误地激活了备选声母，学会或熟悉这些声母以后，听辨错误就不再出现或很少出现。

③声母测试中听辨错误率较高的原因分析。

本次测试的声母总结表里误听非常明显的是k、q、x、zh、ch、sh、z、c、s等声母，误听原因分析如下：

k的误听原因：由于g、k、h的发音部位很接近，学习者不易区别而经常出现混淆。

z、c、s、zh、ch、sh、q、x的误听原因：汉语中舌尖前音z/c/s、舌尖后音zh/ch/sh、舌面前音j/q/x，这三组声母发音方法相同，发音部位也接近。虽然泰语中有相当于汉语的j、q、x的语音，但是泰国学生不易分清汉语的这三组音。这三组音对泰国人来说，不仅发音困难，而且在听音、辨音方面也十分吃力，有较大的听辨障碍。此次汉语声母听辨测试发现学生在这三组声母听辨中产生的混淆较多。

三次的测试结束对比如表3-3所示。

表3-3 泰国零起点汉语班学生声母听辨测试结果对比表

听辨容易混淆的声母组		误听数		相互混淆数
声母一	声母二	声母一出现在声母二的位置	声母二出现在声母一的位置	
b	p	6	3	3
d	t	6	12	6
g	k	14	19	14

听辨容易混淆的声母组		误听数		相互混淆数
声母一	声母二	声母一出现在声母二的位置	声母二出现在声母一的位置	
k	h	12	14	12
q	x	24	22	22
zh	ch	9	8	8
ch	sh	18	15	15
z	c	4	7	4
c	s	14	22	14
s	z	10	2	2

由以上的测试可知：有些学生将b误听为p，d误听为t。从表内数据来看，声母一出现在声母二的位置的误听数跟声母二出现在声母一的位置的误听数不平衡，这是因为对输入语音信息进行语音分析时，错误地激活了备选声母。测试对象在听辨b与p，d与t这四个声母时，单独能识认，一旦这些近似声母一同出现，他们则往往是把它们混淆起来，可能是同学们把b与p的书写形式混淆，可能是测试心理、焦虑感、环境等几个方面的原因而出现了误听情况，也可能由于语言知识有限，无法做出正确判断。如g与k，k与h，q与x，zh与ch，ch与sh，z与c，c与s，s与z语音相似，但同学们输入语音信息后，两者区别特征没有掌握，这就是因为同学们语言知识有限而无法做出正确判断。只有教师对其语音特征进行讲解后才能在听辨上有效区别。

综合上述三种情况，学生声母听辨出现错误的原因可以归结为以下两点。

第一，未掌握汉语声母语音特征。

有些学生在声母听辨中，偶尔会遇到语音障碍，有些学生则至今仍未解决语音难点问题。这大多是由于学生对汉语声母语音特征知识没有掌握，以致在听辨时无法正确识别音素。在学习了各音素语音特征知识后，有的同学仍无法识别对应语音，原因是他们的知识系统中并未储存相关语音知识，即无此类接点，所以该声母语音知识始终无法提取。这一点说明掌握音素的语音特征是言语听辨中至关重要的一部分。

第二，泰语语音的负迁移。

语言首先是有声的，学习任何一门语言，语音都是最基本的部分。汉语与泰语都是有声调的语言，不依赖形态变化。声调是音节的重要组成成分，代表整个音节的高低升降，音节的高低升降具有辨义作用，音调不同，意义也不一样。比如汉语的"妈、麻、马、骂"，声调不同，意义就不一样。泰语中也是如此，不同的音调代表不同的意义。而由于语言文字系统、文化差异、地理环境等的影响，汉、泰语的许多方面也存在差异，其中语音方面的差异也十分明显。

测试可以发现泰国学生汉语语音学习主要有两大难点：一是某些汉语里有但是泰语中没有的语音项目，二是两者语言中相似但实质不同的音素。尤其是第二大难点在调查总结表里体现得很明显。学生对这些声母的误听比别的声母多，说明泰语发音习惯对汉语语音听辨有负迁移的作用。学习者易用泰语中相似的音素替代汉语声母，如：泰语的ซ与ส跟汉语的s相近，将sì音译成ซี，将sǐ音译成สี，将zì音译成จี，将xǐ音译成สี'，导致其汉语声母发音不准，听辨能力差。

2.汉语韵母误听情况的调查与分析

（1）调查对象：泰国Pongpattanawittayakom School零起点汉语班30名学生。

（2）调查方法：测试法。

（3）调查过程：

对泰国Pongpattanawittayakom School零起点汉语班进行韵母听辨测试，把按照一定顺序排列的韵母测试表（表3-4）发给学生，然后播放打乱顺序的韵母给学生听，让学生在听到韵母后在自己的表格中填写数字顺序，例如：播放的第一个韵母是a，学生就在表格中a的后面写1，如果播放的第二个韵母是o，学生就在表格中o的后面填写2，这样测试完39个韵母。每隔三天进行一次测试，共进行三次，三次测试韵母的播放顺序不同，以此来分析测试对象汉语韵母听辨的主要障碍并提出对策。

表3-4　韵母测试表

a （__）	o （__）	e （__）
ê[ɛ] （__）	i （__）	u （__）
ü （__）	-i[ʅ] （__）	-i[ʅ] （__）
ai （__）	ei （__）	ui （__）
ao （__）	ou （__）	iu （__）
ie （__）	üe （__）	an （__）
en （__）	in （__）	un （__）
ün （__）	ang （__）	eng （__）
ing （__）	ong （__）	er （__）
ia （__）	iao （__）	ian （__）
iang （__）	iong （__）	wa （__）
uo （__）	uai （__）	uan （__）
uang （__）	ueng （__）	üan （__）

（4）调查结果：

学生对汉语拼音韵母的误听情况如表3-5所示：

表3-5　泰国零起点汉语班学生汉语拼音韵母误听情况统计表

韵母	第一次误听数	第二次误听数	第三次误听数	误听总数数
a	0	0	0	0
o	3	0	0	3
e	11	8	1	20
ê [ɛ]	0	0	0	0
i	12	9	1	22
u	0	0	0	0
ü	0	0	0	0
-i[ʅ]	0	0	0	0
-i[ʅ]	0	0	0	0
ai	13	3	4	20
ei	5	6	12	23
uei	8	3	1	12
ao	0	0	0	0

韵母	第一次误听数	第二次误听数	第三次误听数	误听总数数
ou	18	23	21	62
iou	8	3	1	12
ie	13	21	17	51
üe	0	0	0	0
an	4	1	0	5
en	6	1	1	8
in	10	2	1	13
un	6	1	0	7
ün	6	3	0	9
ang	4	0	0	4
eng	11	6	4	21
ing	8	2	2	12
ong	3	1	0	4
er	7	0	0	7
ia	14	17	9	40
iao	0	0	0	0
ian	2	3	0	5
iang	4	2	0	6
iong	3	1	0	4
wa	1	0	0	1
uo	21	23	21	65
uai	0	0	0	0
uan	8	4	2	14
uang	2	0	0	2
ueng	6	5	2	13
üan	6	4	2	12

测试结果显示：

a、ê[ɛ]、u、ü、-i[ɿ]、-i[ʅ]、ao、üe、iao、uai 对同学们的误听没有影响，o、e、i、ai、ei、uei、an、en、iou、un、ün、in、ang、eng、ing、ong、er、ian、iang、iong、wa、uan、uang、ueng、üan 的听辨错误率较低，ou、ie、ia、uo 对泰国学生听辨影响较大。

（5）调查结果分析：

韵母测试中没有听辨错误的原因：

测试结果可以看出 a、ê[ɛ]、u、ü、-i[ɿ]、-i[ʅ]、ao、üe、iao、uai 对同学们的听辨没有影响。同学们发韵母ü时不能撮口，是泰国人在学习汉语过程中遇到的最常见的语音难点之一，以致他们常常把"去"读成"处"，把"学习"读成"斜习"。但泰国人虽然发不准汉语中撮口呼的韵母，听辨却不受影响。

韵母测试中听辨错误率较低的原因：

泰国学生对某些韵母听辨没有问题，但在学习过程中容易受到英语的干扰，而将一些语音误听为英语的发音。他们经常把汉语韵母跟英语的相似音素混淆。

如：汉语韵母的 ou 与英语的 o，i 与 e，ai 与 i，an，en，un 等，从表中可看出第一次误听数较多，之后有些韵母误听数降低。

由此可说明第一次的误听不仅是由于语音知识掌握不足而听辨不出或韵母混淆，还存在其他原因，如：心理、测试环境等。经过了一段时间的语音学习，这些韵母听辨障碍即可克服。同样，ei、uei、iou、ün、in、ang、eng、ing、ong、er、ian、iang、iong、wa、uan、uang、ueng、üan 的误听也有着上述的原因。

韵母测试中听辨错误率较高的原因：

发现泰国学生韵母听辨普遍有难度的是 ou、ie、ia、uo。在声母方面泰国学生的误听有来自泰语的干扰的因素，而韵母方面不一样。下表可以说明，与泰语差异大的韵母，学习者就容易记住，误听率就低，但如果近似于英语字母的字形，误听率就高，甚至是复韵母前后颠倒位置。韵母听辨混淆情况如表3-6所示。

表3-6　泰国零起点汉语班学生韵母误听分析表

听辨容易混淆的韵母对		误听混淆数		相互混淆数
韵母一	韵母二	韵母一出现在韵母二的位置	韵母二出现在韵母一的位置	
o	ou	3	3	3
e	i	13	12	12
i	ai	10	9	9
e	er	7	7	7
ai	ia	8	8	8
ei	ie	23	23	23
uei	iou	11	11	11
ou	uo	61	61	61
an	ang	4	4	4
en	eng	7	8	7
in	ing	10	11	10
un	ün	7	9	7
ong	iong	4	4	4
ia	ie	29	29	29
eng	ueng	13	13	13
uan	üan	12	12	12

可以看出：将ou误听为o，i误听为e，ai误听为i。因为对输入语音信息进行语音分析时，错误地把近似的英语语音跟汉语语音混淆起来。

ai与ia，ei与ie，ui与iu，ou与uo，un与ün，uan与üan相互混淆，是由于复韵母的组合位置没有掌握，才引起了错误。

an与ang，en与eng，in与ing，eng与ueng的误听混淆是由于学生听不清或分不清韵尾n与ng。

由o-ou，e-er，ai-ia，ei-ie，uei-iou，ou-uo，an-ang，ong-iong，ia-ie，eng-ueng，uan-uang误听情况可看出，韵母一出现在韵母二的位置跟韵母二出现在韵母一的位置误听率一样或接近，这说明学生可以听辨，但不能区分或记不住这两个韵母的字形，从而导致了误听。

3.影响泰国学生汉语拼音声母韵母听辨的共同因素

（1）语言学习环境不佳。

麦基在《语言教学分析》指出："在学生练习口头表达之前，重要的是使他们形成语言的发音习惯。这点最好在一开始就做到，因为学生每学一个词都会加深他的发音习惯。如果他一旦形成了错误的发音，将极难纠正。即使能纠正，也很费时间。"[①]泰国的很多华人，他们多讲自己的方言，而其后辈往往在生活中先学会了方言然后再入学学习汉语普通话。他们受方言发音影响明显，语音上很难改善。有些泰国人又跟华人学习方言，听惯、说惯汉语方言后再学习汉语普通话，导致他们的汉语发音不准、听辨能力差。

（2）泰国汉语教师水平有待提高。

就教师而言，泰国汉语教师的教学质量与数量较低。在大学任教的汉语教师应有汉语专业硕士以上的学历，在中小学任教的汉语教师应有汉语专业本科以上的学历，而目前泰国还未能达到这样的师资水平，达到标准语音的汉语教师更为紧缺。泰国汉语教师的发音不够准确，直接导致学生的听辨错误。学生在实际汉语学习过程中，甚至可能出现不同老师不同发音的问题。

（3）教材与教学法有待改进。

就教材而言，现在有的大部分汉语教材并不适合泰国学生，很多教材的教学对象是欧美学生甚至是中国学生，针对泰国学生编写的教材有限，而针对泰国学生的听辨问题编写的教材目前更难找到。

就教学法而言，目前泰国汉语教学存在着教育理论欠缺、教学方法不够科学等问题。主要有两个方面原因：首先泰国中文系的毕业生从事教育工作，但他们缺少汉语教学的理论基础；其次汉语教学科班毕业的教师，教学法掌握得较好但汉语知识又不足，优秀的汉语教师十分紧缺。由此说明了泰国教师与教学法的不足是导致学习者汉语学习中听辨能力较差的原因之一。

（4）师生对课堂教学不够重视。

对于学习汉语的初级学生特别是中小学生，需要教师的严格要求。掌握好课堂氛围与教学进程，突出听力教学，才能提高教学效果。对于汉语初级班的学生来说，语音听辨训练比较枯燥，加上学生自律意识还不太强，学生缺少学习兴趣或有心理压力可能导致了听辨不佳。教师可以利用游戏激趣法来减轻学生们的心理压力，重视语音的机械训练与有意义训练的结合。

---

①麦基 W F.语言教学分析[M].北京：北京语言学院出版社,1990:494.

三、对策与建议

1.针对泰国学生声母听辨难点的对策与建议

（1）解疑、讲解发音知识。

进行声母发音示范与听辨练习；指示发音部位；说明发音方法：何山燕在《从对比分析角度浅析对泰汉语语音教学策略》提出"汉语、泰语声母系统中相同的音素 b[p]、p[p']、m[m]、f[f]、d[t]、t[t']、n[n]、l[l]、g[k]、k[k']等12个音素，在泰语中的发音方法和发音部位均与汉语相同"[①]。因此，本文利用泰语跟汉语的近似音的区别来指导泰国学生的发音，如：

发 b 音时，双唇闭合，软腭上升，堵塞鼻腔通路，声带不颤动，较弱的气流冲破双唇的阻碍，迸裂而出，爆发成音。如果同学们发不好音，教他们利用对比法：强化送气音和不送气音的对立或将母语与目的语的近似音进行对比，如：与汉语拼音声母 b 相近的泰语声母是ป，两者都是不送气音而且发音部位相似。所以，在教学过程中用泰语的ป来指导 b 的发音，告诉学生两者之间的区别与相似处，然后教师亲自示范读音，避免产生语音偏误。

发 p 音的状况与 b 相近，只是发 p 时有一股较强的气流冲开双唇。教师示范给学生看，如果学生发不好，教他们不送气 b+（h+韵母），教 p，b+h+o= po，然后让同学们把手或纸放在嘴前发音，感受气流。或利用对比法，如：与汉语拼音声母 p 相近的泰语声母是พ，两者都是送气音而且发音部位相似。所以，在教学过程中用泰语的พ来指导 p 的发音，告诉学生两者之间的区别与相似处，然后教师亲自示范读音。

发 d 音时，舌尖抵住上齿龈，软腭上升，堵塞鼻腔通路，声带不颤动，较弱的气流冲破舌尖的阻碍，迸裂而出，爆发成声。或利用对比法，如：与汉语拼音声母 d 相近的泰语声母是ด，两者都是不送气音而且发音部位相似。所以，在教学过程中用泰语的ด来指导 d 的发音，告诉学生两者之间的区别与相似处，然后教师亲自示范读音。

发 t 音的状况与 d 相近，所以要教学生区分 d 与 t 不同之处，如：发 t 音时气流比发 d 音强，d 是不送气音而 t 是送气音的区别。在 d 与 t 的教学中还可以利用对比法：强化送气音和不送气音的对立或将泰语与汉语的近似音进行对比，如：与汉语拼音声母 t 相近的泰语声母是ท，两者都是送气音而且发音部

---

①何山燕.从对比分析角度浅析对泰汉语语音教学策略[J].梧州学院学报,2010(4):90.

位相似。所以，在教学过程中用泰语的ŋ来指导t的发音，告诉学生两者之间的区别与相似处，然后教师亲自示范读音，避免产生语音偏误。

发g音时，舌根抵住软腭，软腭后部上升，堵塞鼻腔通路，声带不颤动，较弱的气流冲破舌根的阻碍，爆发成音，或把泰语的ŋ跟汉语的g近似与差别之处区分开，告诉学生两者都是不送气音，发音部位相似，但不同的是发音方法，然后教师亲自示范读音，避免产生语音偏误。

发k音的状况与g相近，所以要教学生区分g与k不同之处，如：发k音时气流比发g音强，g是不送气音而k是送气音。在g与k的教学中还可以利用对比法：强化送气音和不送气音的对立或将泰语与汉语的近似音进行对比，如：与汉语拼音声母k相近的泰语声母是ŋ，两者都是送气音而且发音部位相似。所以，在教学过程中用泰语的ŋ来指导k的发音，告诉学生两者之间的区别与相似处，然后教师亲自示范读音，避免产生语音偏误。

发h音时，为了避免泰国学生把泰语的ɦ代替汉语的h，要将泰语中的ɦ发音和汉语声母h进行对比，汉语声母h是舌面后音，泰语中的ɦ是喉音，发h时舌根接近软腭，留出窄缝，软腭上升，堵塞鼻腔通路，声带不颤动，气流从窄缝中出来，但发泰语的ɦ时咽头肌肉紧缩，舌根部向后移，呼气发出音来。

教发q音时，为了避免泰国学生把泰语的ʨ代替汉语的q，要将泰语中的ʨ发音和汉语声母q进行对比，发q时舌面前部抵信硬腭前部，软腭上升堵塞鼻腔通路，声带不颤动，气流较强，而发泰语的ʨ时舌身贴硬腭，构成障碍，气流从舌面和硬腭间爆发出来。

发x音时，由于泰语中没有这个音，但在一些汉语教材中用泰语声母的ʨ来代替x，为了避免泰国学生把泰语的ʨ代替汉语的x，要将泰语中的ʨ发音和汉语声母x进行对比，发x音时舌面前部接近硬腭前部，留出窄缝，软腭上升，堵塞鼻腔通路，声带不颤动，气流从窄缝中挤出，摩擦成声，而发泰语的ʨ时，舌尖贴近下齿，气流从舌面和上齿间摩擦而出，学生应该按照发音方法去练习，然后多读多听一些关于x的音节，如：信息、学习、新鲜等。

发zh音时，舌尖上翘，抵住硬腭前部，软腭上升，堵塞鼻腔通路，声带不颤动。较弱的气流把阻碍冲开一条窄缝，从窄缝中挤出，摩擦成声。学生应该按照发音方法去练习，然后多读多听一些关于zh的音节，如：注重、主张、住宅等。

发ch音的状况与zh相近，只是气流较强。学生应该按照发音方法去练习，然后多读多听一些关于ch的音节，如：吃茶、常常、长处等。

发 sh 音时，舌尖上翘接近硬腭前部，留出窄缝，气流从缝间挤出，摩擦成声，声带不颤动。学生应该按照发音方法去练习，然后多读多听一些关于 sh 的音节，如：时尚、伸手、师生等。

发 z 音时，舌尖平伸，抵住上齿背，软腭上升，堵塞鼻腔通路，声带不颤动，较弱的气流把阻碍冲开一条窄缝，从窄缝中间挤出，摩擦成声。一般 z 组音比较容易，可以先从 z 组开始练习。学生一旦找准了发音部位，要及时巩固。学生应该按照发音方法去练习，然后多读多听一些关于 z 的音节，如：再做、祖宗、啧啧等。

c 和 z 的发音区别不大，不同的地方在于 c 气流较强。学生应该按照发音方法去练习，然后多读多听一些关于 c 的音节，如：粗糙、层次、残存等。

发 s 音时，为了避免泰国学生把泰语的 ซ 代替汉语的 s，要将泰语中的 ซ 发音和汉语声母 s 进行对比，发 s 发音时，舌尖接近上齿背。气流从窄缝中挤出，摩擦成声，声带不颤动，而发泰语的 ซ 时，舌尖贴近下齿，气流从舌面和上齿间摩擦而出。学生应该了解两者之间的区别，按照发 s 音方法去练习，然后多读多听一些关于 x 与 s 的音节，如：信息、学习、新鲜，松散、三岁、三思。

（2）在音节、语流中辨别声母。

d-t：在学习时首先注意 d 与 t 的发音，然后要清楚声母 d 和 t 相对应的字词。进行 d、t 对比辨音练习：肚子-兔子，袋子-太子，多给同学们听与练读 d 与 t 绕口令。

g-k：在学习时首先注意 g 与 k 的发音，然后要清楚声母 g 和 k 相对应的字词。进行 g、k 对比辨音练习：狗语-口语，该死-开始，多给同学们听与练读 g 与 k 绕口令。

k-h：在学习时首先注意 k 与 h 的发音，然后要清楚声母 k 和 h 相对应的字词。进行 k、h 对比辨音练习：快乐-坏了，看雨-汉语，多给同学们听与练读 k 与 h 绕口令。

q-x：在学习时首先注意 q 与 x 的发音，然后要清楚声母 q 和 x 相对应的字词。进行 q、x 对比辨音练习：起床-洗床，亲手-新手，多给同学们听与练读 q 与 x 绕口令。

zh ch sh 与 z c s：发声母 zh、ch、sh 的时候，舌尖上翘，所以叫翘舌音，发声母 z、c、s 的时候，舌尖平伸，因此叫平舌音。泰国学生也常分不开这两组平翘舌音，如将"迟到"读成"词到"将"开始"读成"开死"。在学习平翘舌声母时同样要知道哪些字发平舌音，哪些字发翘舌音。zh与z、ch与c、sh与s的辨音给学生练习听辨设计如下：

第一，zh、ch、sh和z、c、s对比辨音练习：

鱼刺–鱼翅　仿造–仿照　搜集–收集

第二，练读与听辨这组音的绕口令。

2.针对泰国学生韵母听辨难点的对策与建议

（1）解疑、讲解韵母发音方法，同时练习韵母听辨。

何山燕在《从对比分析角度浅析对泰汉语语音教学策略》中指出，汉语、泰语韵母系统中相同的音素有：

单韵母：a[A]、o[o]、i[i]、u[u]

复韵母：ai[ai]、ei[ei]、au[au]、ou[ou]、ua[ua]

鼻韵母：in[in]、ang[aŋ]、ing[iŋ]、ong[uŋ][①]

因此我们利用泰语跟汉语的近似音的区别来指导泰国学生的发音练习。如：

①单韵母：

教发o音时，为了避免泰国学生把泰语的โอ代替汉语的o，将泰语中的โอ发音和汉语韵母o进行对比，发o音时，口腔半合，舌位半高，舌头后缩，嘴唇拢圆，而发泰语的โอ时双唇先收圆，舌部抬高至口腔的中部发出音来，教师亲自示范及正音。

发e音时，由于泰语的เออ跟汉语的e的发音部位相近，发出来的音也相似。所以教师应教学生区分两者之间的差别，告诉他们发泰语的เออ时，嘴型处于自然状态，舌部抬高至口中部发出音来，而发e嘴型偏扁，舌位高低与o大体相同，只是嘴角向两边展开。

发i音时，口腔开度很小，舌头前伸，前舌面上升接近硬腭，气流通路狭窄，但不发生摩擦，嘴角向两边展开，呈扁平状，或直接发泰语的อี，因为泰语的อี跟汉语的i的发音方法及发音部位相同，发出来也是同一个音。

卷舌音er是泰国学生的一大难点，一般偏误形式主要是没有卷舌过程，完全发成央元音或者前元音，所以教师应该让同学们多练习。发er音时，口腔半开，舌位居中，稍后缩，唇形不圆。在发e的同时，舌尖向硬腭轻轻卷起，不是先发e，然后卷舌，而是发e的同时舌尖卷起。"er"中的r不代表音

---

①何山燕.从对比分析角度浅析对泰汉语语音教学策略[J].梧州学院学报,2010(4):91–92.

素，只是表示卷舌动作的符号。er 只能自成音节，不和任何声母相拼。

②复韵母：

前响复韵母：

前响复韵母共有四个：ai、ei、ao、ou。它们的共同特点是前一个元音清晰响亮，后一个元音轻短模糊，音值不太固定，只表示舌位滑动的方向。对泰国学生经常产生误听的是 ai、ei、ou 三个。分析如下：

ai：发音时，先发 a，这里的 a 舌位前，念得长而响亮，然后舌位向 i 移动，不到 i 的高度。i 只表示舌位移动的方向，音短而模糊或直接发泰语的ไอ，因为它们的发音方法、发音部位及发出来的音相同。

ei：发音时，泰国学生常把泰语的เอย来代替汉语的 ei，因为发音部位相近而且发出来的音也相似。教师要区别两者的发音方法，发 ei 音时，先发 e，比单念 e 时舌位前一点，然后向 i 的方向滑动，而发泰语的เอย音时，发 e 音较长接着发短促的 i。

ou：发音时，先发 o，接着向 u 滑动，舌位不到 u，即停止发音或直接发泰语语音的โอว，因为发音部位，发音方法及发出来的音相同。

后响复韵母：

后响复韵母共有五个：ia、ie、ua、uo、üe。它们的共同特点是前面的元音发得轻短，只表示舌位从那里开始移动，后面的元音发得清晰响亮。对泰国学生经常产生误听的是 ia、ie、uo 三个。分析如下：

ia：发音时，i 表示舌位起始的地方，发得轻短，很快滑向前元音 a，a 发得长而响亮或先发泰语的อี接着发泰语的อา，然后加快速度，因为泰语的อี跟汉语的 i 相同，อา跟 a 相同，这样教对零起点学生来说较容易记住，如果不教他们用+อา的读法，他们容易用泰语的เอีย来代替，这是引起发 ia 音不到位的原因。

ie：泰国学生发不好这个韵母，经常把 ie 发成 ia 但没有那么到位，如：把"谢谢"发成"下下"，所以对听辨来说比较困难，经常跟 ia 韵母混淆。因此先教他们按照规则发，如：发音时，先发 i，很快发 ê，前音轻短，后音响亮。

uo：发音时，u 念得轻短，舌位很快降到 o，o 清晰响亮。

中响复韵母：

中响复韵母共有四个：iao、iou、uai、uei。它们共同的发音特点是前一个元音轻短，后面的元音含混，音值不太固定，只表示舌位滑动的方向，中间的元音清晰响亮。对泰国学生经常产生误听的是 iou、uei 两个。分析如下：

iou 发音时，先发 i 紧接着发 ou，紧密结合成一个复韵母或先发泰语的ﬦﬦ接着发泰语的ﬦﬦ，紧密结合成一个整体，因为泰语的ﬦ 跟汉语的 i 相同，ﬦﬦ跟 ou相同，这样教对零起点学生来说较容易记住，而且能读出过渡音来。如果不教他们用ﬦ+ﬦﬦ的读法，他们容易用泰语的ﬦﬦ来代替，这是引起没有过渡音的原因。

uei 发音时，先发 u，紧接着发 ei，紧密结合成一个整体或先教他们把 ei 发好再加 u 在前面。因为泰国学生认为汉语的 uei 跟泰语的ﬦﬦ相同，所以把泰语的ﬦﬦ代替了 uei，是引起没有过渡音的原因。

中响复韵母在自成音节时，韵头 i、u 改写成 y、w。复韵母 iou、uei 前面加声母的时候，要省写成 iu、ui，例如 liu、gui 等；不跟声母相拼时，不能省写，用 y、w 开头，写成 you、wei 等。

鼻韵母：

由一个或两个元音后面带上鼻辅音构成的韵母叫鼻韵母。鼻韵母共有 16个：an、ian、uan、üan、en、in、uen、ün、ang、iang、uang、eng、ing、ueng、ong、iong。但泰国学生经常产生误听的是 an、en、in、ian、uan、üan、uen、ang、eng、ing、ong、iang、iong、uang、ueng 15 个。分析如下：

an：发音时，先发 a，然后舌尖向上齿龈移动，最后抵住上齿龈，发前鼻音 n 或直接发泰语的ﬦﬦ，因为它们的发音部位、发音方法及发出来的音相同。

en：发音时，先发 e，然后舌尖向上齿龈移动，抵住上齿龈发鼻音 n 或直接发泰语的ﬦﬦ，因为它们的发音部位，发音方法及发出来的音相同，但泰语的ﬦﬦ气流要长些。

in：发音时，先发 i，然后舌尖向上齿龈移动，抵住上齿龈，发鼻音 n 或直接发泰语的ﬦﬦ，因为它们的发音部位，发音方法及发出来的音相同。

ün：发音时，先发 ü 的音，然后舌头往上抬，抵住上齿龈，气流从鼻腔流出，发 n 的音。

ian：也是泰国学生发音与听辨的难点，因为泰语有一个ﬦﬦﬦ音跟汉语的 ian 差不多，发 ian 音时，先发 i，较轻短，接着发 an，i 与 an 结合得很紧密，而发泰语的ﬦﬦﬦ音时，先发ﬦ，气流比汉语的长，然后接着发短促的ﬦﬦ，因此同学们要把这两个发音方法区分开来，练习更容易些。

uan：发音时，先发 u，紧接着发 an，u 与 an 结合成一个整体或发泰语的ﬦ，接着发泰语的ﬦﬦ，ﬦ 与 ﬦﬦ 结合成一个整体，因为泰语的ﬦ 跟汉语的 u 相同，ﬦﬦ 跟 an 相同，这样教对零起点学生来说较容易。

üan：发音时，先发ü，紧接着发an，ü与an结合成一个整体。由于这个韵母比较难把握，同学们训练时，教师应该亲自指导。

uen发音时，先发u，紧接着发en，u与en结合成一个整体或先发泰语的ุ，接着发泰语的เอิน，ุ与เอิน结合成一个整体，因为泰语的ุ跟汉语的u相同，เอิน跟en相同，这样教对零起点学生来说较容易。

ang：发音时，先发a。舌头逐渐后缩，舌根抵住软腭，气流从鼻腔通过或直接发泰语的าง，因为它们的发音部位，发音方法及发出来的音相同，但泰语的าง气流比ang长些。

eng：发音时，先发e，舌根向软腭移动，舌根后缩抵住软腭发ng音，气流从鼻腔泄出或直接发泰语的เอิง，因为它们的发音部位、发音方法及发出来的音相同，但泰语的เอิง气流比eng长些。

ing：发音时，先发i，舌头后缩，舌根抵住软腭，发后鼻音ng气流从鼻腔通过。由于泰语的อิง发音部位，发音方法相似，所以可以用泰语的อิง来指导发ing音。但要注意，ing的鼻音比泰语的อิง明显。

ong：发音时，舌根抬高抵住软腭，发后鼻音ng或直接发泰语的ง，因为它们的发音部位、发音方法及发出来的音相同。

iang：发音时，先发i，接着发ang，使二者结合成一个整体或直接发泰语的เอียง，因为它们的发音部位、发音方法及发出来的音相同。

iong：发音时，先发i，接着发ong，二者结合成一个整体或先发泰语的อี，接着发泰语的ง，二者结合成一个整体。因为泰语的อี跟汉语的i相同，ง跟ong相同，这样教对零起点学生来说较容易记住。

uang：发音时，先发u，接着发ang，由u和ang紧密结合而成，同样，泰语也是先ุ接着发าง。因为泰语的ุ跟汉语的u相同，าง跟ang相同，这样教对零起点学生来说较容易。

ueng：发音时，先发u，接着发eng，由u和eng紧密结合而成或先发泰语的ุ接着发泰语的เอิง。因为泰语的ุ跟汉语的u相同，เอิง跟eng相同，这样教对零起点学生来说较容易记住。

（2）在音节、语流中辨别韵母。

o-ou：在学习时，首先注意o与ou的发音，然后要清楚o和ou相对应的字词及把英语和汉语的韵母区分开。进行汉韵母o、ou对比辨音练习：摩的–某地，佛–否。

e-i：在学习时，首先注意e与i的发音，然后要清楚韵母e和i相对应的字词及把英语和汉语的韵母区分开。进行汉韵母 e、i 对比辨音练习：等待–地带，我的–我弟。

i-ai：在学习时首先注意 i 与 ai 的发音，然后要清楚 i 和 ai 相对应的字词及把英语和汉语的韵母区分开。进行汉韵母 i、ai 对比辨音练习：秘密–买卖，踢球–台球。

e-er：在学习时首先注意 e 与 er 的发音，然后要清楚 e 和 er 相对应的字词。进行 e、er 对比辨音练习：饿–二，恶人–二人，多给同学们听、读 e 与 er 绕口令。

ai-ia：在学习时，首先注意 ai 与 ia 的发音和位置，然后要清楚 ai 和 ia 前后颠倒位置以及能与 ai-ia 相拼的声母。

ei-ie：在学习时首先注意 ei 与 ie 的发音和位置，然后要清楚 ei 和 ie 复韵母前后颠倒位置以及能与 ei-ie 相拼的声母。

q-x：在学习时首先注意 q 与 x 的发音，然后要清楚声母 q 和 x 相对应的字词。进行 q、x 对比辨音练习：起床–洗床，亲手–新手，多给同学们听、读 q 与 x 绕口令。

注意：

i 音与 y 音、u 音与 w 音相似，只是 i 和 u 是韵母，韵母发音时较响亮；y 和 w 是声母，声母发音较轻快。

ye（叶），读作 ie，ye 不能拼读，只能整读；yue（月），读作 üe，和 ye 一样，不能拼读，只能整读。

yi、yin、ying、wu 分别读作：i、in、ing、u。

yu、yue、yun、yuan 分别读作：ü、üe、ün、üan。

j q x y 的后面不跟 u 只跟 ü，而且去掉两点：ju qu xu yu。

3. 针对影响声母韵母听辨的共同因素的对策与建议

（1）改善语言学习环境。

有的泰国人受到华人方言发音的影响，所以师生双方都要努力地教和学。教师可以通过语言对比及利用第二语言学习的理论来分析学生的偏误，并且进行教学，学生也要多听多练，这样教学效果会好一些。

（2）提高泰国汉语师资水平。

泰国教育部门应该更加重视汉语教学，培养合格的汉语教师，用一定的标准来考察汉语教师的教学质量。教师也应该补充自己的不足，提高语言能力，细心地备课，用多样化的教学方法来进行教学。

（3）改进教材与教学法。

针对泰国学生而编写的教材有限，针对泰国学生的听辨问题而编写的教材目前更难找到，所以教师应该在课堂上进行充分的听力教学与训练，自制图表来配合书本上的教材（包括立体的或平面的）的各种发音图，如舌位图、口腔图、舌位活动图。此外教师应该用多样化的教学方法来进行教学。

（4）重视课堂教学。

有的中小学生比较顽皮，这需要教师的严格要求。掌握好课堂氛围与教学进程，突出听力教学，提高教学效果，而且泰国学生下课后很少复习，所以在泰国教汉语的教师要更注重课堂效果。学生缺少学习兴趣或有心理压力可能导致了听辨不佳，教师可以利用游戏激趣法来减轻学生们的心理压力，重视语音的机械训练与有意义训练的结合。对于汉语初级班的学生来说，语音听辨训练比较枯燥，加上学生自律意识还不太强，要求教师应该根据学生的特点或结合中国文化，充分利用现代化教学设施进行一些行之有效的游戏活动来提高学习兴趣，调节课堂氛围。

四、针对泰国学生听辨难点的声母、韵母教学设计

1.声母教学

由于每个学生的水平，年龄，背景的不同，教师应根据教学对象的特点设计教学。心理学和教育学实验证明：匀速显示一系列毫无关联的物体、单词或者图画后，受试者往往能正确记忆七个项目或七个记忆单位。教学中也有相似规律，学习者一次能够较易记住乱序的七个音素。据此，把汉语辅音声母分为3组进行教学较符合记忆规律。

第一组：b、p、m、f、d、t、n、l

第二组：g、k、h、j、q、x

第三组：zh、ch、sh、r、z、c、s

（1）讲解、示范与训练、记忆相结合。

重视学生口语操练，将声母与情境图上的事物一一对应或与英语音素意义对应，还可以用汉语拼音的字母卡片来组织教学，让学生模仿读、练读、对读、同座互相检查读，教师在旁示范指导并纠正发音。可采取手势模仿发音部位及方法，如：j、q、x组的发音教学，教师将手（手心向下）先平放在图的舌位上。发j、q、x音时，手指尖下垂，表示舌尖下垂，手指的第二、三

节拱起接近图中的前腭，表示舌面前部接近前腭。也可以采取带音法，如i、j、q、x的发音教学：先让学生发i音，保持i的舌位，让舌尖抬起成阻，再除阻，声带振动，即可发出；保持j的舌位，舌尖成阻，呼气可发出q；再保持q的舌位，舌面不要接触硬腭，稍留缝隙，使气流摩擦而出可发出x。

（2）声母教学中重视区别。

①要注意送气与不送气音的区别。

送气音与不送气音b/p、d/t、g/k、j/q、z/c、zh/ch的教学，这几对声母对泰国学生来说很难。由于发音部位相近，发音方法也很相似，汉语的塞音和塞擦音都是清音，以送气与不送气为特征相互对立，而泰语的塞音有清浊的对立。因此在学习这六组拼音时，教师应强调送气和不送气的区别。如：教发b/p音时，可以拿纸片来进行对比练习，发送气音时，气流可以吹动纸片。

②要注意清音、浊音的区别。

汉语浊辅音较多，与泰语相似。汉语拼音h与泰语的ஃ与ŋ相近，但汉语的h是舌根音，泰语的ஃ与ŋ是喉音。因而泰国学生发h音时容易浊化，喉音较严重，要告诉学生把发音集中到口腔。

要注意辨别x和s的区别。

x是舌面前音，s是舌尖前音。发这两个音时，泰国学生存在尖音的问题。把舌面音x发成了舌尖前音s。如把"学习（xuéxí）发成sue si"。因此教师要从发音部位着手，进行对比练习。

要注意平翘舌的区别。

教师一定要让学生明确发音部位，强调舌尖碰上齿背是舌尖前音，舌尖碰硬腭则是舌尖后音，避免泰国学生用母语中的舌面音来替代。z、c、s、zh、ch、sh是泰国学习者的发音难点，教师在教学z、c、s时，要强调两组音的发音部位及方法，注意提醒学生舌尖平伸，抵住或接近上齿背；发zh、ch、sh时舌尖上翘，抵住或接近硬腭开端，可以用手势演示法来指导学生的发音部位。zh、ch、sh教学时，要强调zh、ch、sh与z、c、s的区别，避免混淆。引导学生找准正确的发音部位，在发z、c、s时舌尖靠前抵住或接近上齿背，舌头平伸时接着把舌尖上翘抵住或接近硬腭开端，部位靠后发zh、ch、sh。

（3）教形：音形结合。

①给出与声母字形相似的图像，辅助字形的记忆。

②苏霍姆林斯基在《给教师的一百条建议》中提出："在学生的脑力活动

中，摆在第一位的并不是背书，而是让学生本人进行思考，也就是说进行生动的创造。"所以在语音教学中，应给学生充足的思考时间。教师可组织小组讨论，指出字母书写上的重难点。

（4）指导书写。

①教师提问，学生思考四线格中的声母书写方式。

②教师范写。

③学生练习书写。

（5）多形式演练。

教师可根据教学对象设计语音游戏并组织学生分组游戏。还可利用对比分析来记声母。如泰国初级学生常把汉语和英语音素混淆，教师可对比英汉因素，总结区别，连串成曲。

2.韵母教学

（1）教音：注意讲解、示范与训练、记忆相结合；先易后难。

注重学生口语语音操练。可与英语对比，罗列与英语字母字形相似的汉语韵母，突出汉语韵母；可用韵母的卡片来组织教学，让学生跟读、练读、对读、同座互相检查读，教师在旁示范指导并纠正发音。

（2）教形：音形结合。

①给出与韵母字形相似的图像，辅助字形的记忆。

②语音教学中，应给学生充足的思考时间。教师可组织小组讨论，指出韵母书写上的重难点。

（3）指导书写。

①教师提问，学生思考四线格中的韵母书写方式。

②教师范写。

③学生练习书写。

（4）拼读拼写教学要注意的韵母：ü、üe，uei、iou、ie、ei、ün、er、ian、iong、ou、uo、uen、ueng、üan。

①ü对泰国学生的听辨虽然没有影响，但泰语中没有撮口音，所以他们发韵母ü时不能撮口，他们往往是把"ü"读成"i"，如：把"徐老师"读成"习老师"。当j、q、x跟ü拼，要去掉ü上面的两点时，泰国学生也常把"ü"读成"u"如：把"去"读成"处"，因此教师应该注意并且让学生明确的把握韵母的特殊规则，因为现代汉语中的舌面前音j、q、x是从舌面后音g、k、h中分化出来的。因此，g、k、h只和开口呼、合口呼相拼；j、q、x只和齐齿

呼、撮口呼相拼。同样 üe、ün、üan 这三个音对泰国学生来说也会出现上述的问题。

②要注意 uei、iou、uen 的省写，因为泰国学生发音时没有过渡音，还有 ui 与 iu 的相互混淆。

③要注意 ie 的发音，因为泰国学生经常把"ie"读成"ia"，如：把"谢谢"读成"下下"，此外要注意 ie 与 ei 的相互混淆。

要注意 er 音，因为泰语中没有儿化，泰国人较难把握，教师应让学生多听多练。

⑤要注意 ian 的发音，泰国学生经常把 ian[iɛn]读成 ian[ian]，教师该重点示范，让学生多练。

⑥要注意 ou 与 uo 前后颠倒位置区别，避免混淆。

第四章 外国留学生汉字学习策略的调查研究

汉字是记录汉民族语言的符号系统，是汉语的重要组成部分，它历史悠久，是世界上现存的古老文字之一。汉字作为表意文字，与世界大部分国家和地区所使用的表音文字有很大的区别，"汉字难认、难写"困扰着大部分的汉语学习者，甚至很多学生放弃了汉字学习，所以对外汉字教学一直是对外汉语教学的重中之重。要想找到正确的汉字教学方法，应该从外国学生学习汉字的策略入手，只有了解了外国学生是如何学习汉字的，才能制定出更适合他们的汉字教学方法，从而更有效地帮助他们提高汉字的学习效率和效果。本章以某师范大学各阶段的外国留学生为调查对象进行汉字学习策略的调查，通过调查各个阶段、汉字文化圈及非汉字文化圈的留学生的汉字学习策略使用情况，总结和归纳他们使用汉字学习策略的一些特点和规律，为制定有效的汉字教学方法提供科学依据。

一、留学生汉字学习策略的调查过程

（一）调查量表的设计

本研究采用了问卷调查的方法，设计的调查问卷有两种：留学生汉字学习策略调查问卷（见附录一）和留学生汉字水平测量表（见附录二）。

1.调查问卷的设计

笔者在编写调查问卷时，参考了江新、赵果依据使用频度的高低归纳出汉字学习的六大策略[①]和马明艳设计的汉字学习策略调查项目表[②]，并比较了陈译文在汉字学习策略调查项目里添加的"记忆策略"与"元认知策略"两个项目[③]，而最终确定了汉字学习策略所要调查的8个项目：字形策略、记忆策略、应用策略、复习策略、归纳策略、笔画策略、音义策略以及元认知策略。

本问卷汉字学习策略调查部分在8项汉字学习策略的基础上共分为46个二级指标策略（见表4-1），每个策略都需要留学生根据自身的情况选出合适的评级，此评级分为"经常使用""很少使用""从不使用"三个等级。

表4-1　汉字学习策略的指标体系

一级指标	二级指标	
	名称	缩写
字形策略	拆分汉字的方式认读汉字	CL1
	组合汉字的方式认读汉字	CL2
	整体认读汉字	CL3
	区分形近字	CL4
	区分独体字和合体字	CL5
	区分合体字的结构类型	CL6
记忆策略	整体记忆汉字部件	CL7
	根据老师讲解的汉字部件的意义记忆汉字部件	CL8
	回忆默写汉字部件	CL9
	回忆默写汉字或生词	CL10
	字形联想记忆汉字	CL11
	记忆汉字时先记忆熟悉的部件	CL12
	记忆汉字时记住老师讲的汉字形体故事	CL13
	记忆汉字时比较形近字	CL14
	记忆形声字时用形旁声旁的意义组合方式	CL15

①江新,赵果.初级阶段外国留学生汉字学习策略的调查研究[J].语言教学与研究,2001（4）:10-17.

②马明艳.初级阶段非汉字圈留学生汉字学习策略的个案研究[J].世界汉语教学,2007（1）:40-49.

③陈译文.初级阶段美国学生汉字学习策略的调查与研究[D].上海:华东师范大学,2009:12.

续表

一级指标	二级指标	
	名称	缩写
应用策略	用汉字做作业或练习	CL16
	用汉字记笔记	CL17
	用汉字发短信、写日记	CL18
	看中文书报	CL19
	浏览中文网页或学习网站	CL20
	利用字典记忆汉字部件	CL21
	在生字中寻找认识的部件	CL22
	使用字典或词典学习汉字	CL23
	努力应用所学汉字	CL24
复习策略	抄写汉字部件	CL25
	抄写汉字或生词	CL26
	抄写句子或课文	CL27
	认读生字或生词	CL28
	朗读课文	CL29
	查字典复习生字或生词	CL30
归纳策略	对比形近汉字	CL31
	对比同音字或音近字	CL32
	总结同义字、近义字、同义词、近义词	CL33
	利用形旁或声旁联系生字和已知字	CL34
	根据形旁或声旁归类汉字	CL35
	对比形声字和非形声字	CL36

一级指标	二级指标	
	名称	缩写
笔画策略	练习汉字的各种笔画	CL37
	写汉字时数汉字的笔画数	CL38
	按照汉字的笔顺写汉字	CL39
	根据部件的笔画记忆汉字部件	CL40
	利用汉字的笔顺记忆汉字	CL41
音义策略	先联系字音和字义，后联系字形记忆汉字	CL42
	利用同音字或音近字记忆生字	CL43
元认知策略	了解自己的汉字认读或书写错误，提醒自己避免同类错误	CL44
	评价自己的汉字学习情况	CL45
	为自己制定汉字学习计划和目标	CL46

2.汉字水平测量表的设计

为了能够了解留学生的汉字水平，从而发现汉字学习策略的使用和汉字学习效果之间的联系，并找出有效的汉字学习策略，笔者还设计了一份汉字水平测量表。该测量表系笔者参考了赵果、江新设计的测量汉字学习效果的汉字测验[①]。此测验够包含两个部分：一是汉字识别测验，给被试呈现单个汉字，要求被试写出汉字的读音和意义，读音用汉语拼音来表示，意义用英语对译词来表示；二是汉字书写测验，给被试呈现汉字的汉语拼音和英文对译词，要求被试写出汉字。

笔者在《汉语水平词汇与汉字等级大纲》中选取了常用汉字40个，其中包括16个甲级汉字、12个乙级汉字、8个丙级汉字和4个丁级汉字。这些汉字都为成词语素，并且包含了汉字的各种结构，如：半（独体字）、词（左右结构）、票（上下结构）、病（半包围结构）、圈（全包围结构）、众（品字结构）等。此外，这40个汉字中有形声字18个，每部分测试的汉字为20个。

---

①赵果,江新.什么样的汉字学习策略最有效?——对基础阶段留学生的一次调查研究[J].语言文字应用,2002(2):79-85.

(二)调查过程

1.样本选择

本研究的调查对象为该校初级下班、中级上班、中级下班、本科三班、本科四班、2010级汉语国际教育硕士春季班以及2011级汉语国际教育硕士秋季班共七个班的留学生。笔者根据留学生的汉语水平将这七个班的留学生分成四个阶段进行汉字学习策略的比较。这四个阶段为初级阶段（初级下班）、中级阶段（中级上班、中级下班）、高级阶段（本科三班、本科四班）和研究生阶段（2010级汉语国际教育硕士春季班、2011级汉语国际教育硕士秋季班）。具体情况如表4-2所示.

表4-2　各阶段留学生分布统计表

		初级	中级	高级	研究生	总计
汉字文化圈	日本	1		1		2
	韩国		6	2	5	13
	越南			4	16	20
	泰国				8	8
非汉字文化圈	俄罗斯	1				1
	乌兹别克斯坦	2				2
	蒙古国				1	1
	斯洛伐克	1				1
	法国		3			3
	英国		1			1
	也门		1			1
	巴林		1			1
	挪威		1			1
	古巴			4		4
	乌克兰			1		1
	总计	5	13	12	30	60

这7个班的调查问卷比例如图4-1所示。

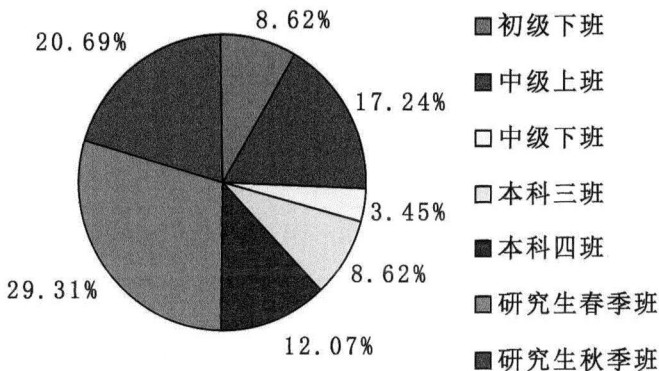

图4-1 调查问卷比例分布图

参加本次问卷调查的7个班的留学生共有60人，所回收的调查问卷为60份，其中有效问卷为58份，汉字文化圈和非汉字文化圈留学生的比例为21:8。

2.调查方式

本调查采用随堂调查的方式，留学生需在两节课（100分钟）内做完调查问卷及汉字水平测量表。对初级下班及中级上班等汉语水平较低的留学生采用逐题讲解问卷内容的方式，对于中级下班、本科三年级和四年级及汉语国际教育硕士班的研究生等汉语水平较好的留学生则采用重难点词汇讲解以及问卷做完后就较难理解的项目随机提问的方式进行调查，以保证所有的问卷能够反映出留学生学习汉字时使用的汉字学习策略的真实情况。此外，在做汉字水平测量表时则要求留学生不得使用字典、词典等辅助工具，并且不得互相讨论、交流，以保证汉字水平测量表能够代表学生真实的汉字水平。

3.调查数据的处理

在统计数据时，笔者将汉字学习八项策略下的各项具体策略的三个评级记为相应的分数，以便统计。"经常使用"记为3分，"很少使用"记为2分，"从不使用"记为1分。处理数据时，笔者将把留学生的各条学习策略按照1到3的分值相加，求出每一条汉字学习策略在留学生中的使用平均值，经过整理，得出留学生汉字学习策略总体使用情况和各个阶段不同文化圈留学生汉字学习策略使用情况数据统计，从而得出随分析插入文中的各项策略总体使用情况统计，以及不同文化圈各项汉字学习策略的使用情况统计。

二、留学生汉字学习策略的数据统计与分析

经过对调查问卷处理，笔者得出了留学生使用汉字学习策略的数据统计
结果（见表4-3）。

表4-3 留学生汉字学习策略结果统计表

学习策略	总体情况	调查结果							
		汉字文化圈				非汉字文化圈			
		初级	中级	高级	研究生	初级	中级	高级	研究生
CL1	2.09	1	2.5	2.5	1.91	2.25	2.33	2.2	2
CL2	2.32	3	2.17	2.36	2.42	2.25	1.83	2.5	2
CL3	2.44	2	2.33	2.71	2.73	2.5	2.67	2.6	2
CL4	2.13	3	1.5	2.71	2.15	1.75	2.33	2.6	1
CL5	2.46	3	2.33	2.71	2.32	2.25	2.17	2.9	2
CL6	2.27	3	2.67	2.29	2.17	2.5	2.33	1.2	2
	2.29	2.5	2.25	2.55	2.28	2.25	2.28	2.33	1.83
CL7	2.31	3	2	2.43	2.34	2.25	2.25	2.2	2
CL8	2.34	3	2.17	2.57	2.2	2.25	2.33	2.2	2
CL9	2.37	3	2	2.43	2.11	2	2	2.4	3
CL10	2.37	2	2.67	2.64	2.26	2.25	2.5	2.4	2
CL11	2.21	2	2.67	2.43	2.47	2.75	2.17	2.2	1
CL12	2.1	1	2.67	2.29	2.33	2	2.67	2.8	1
CL13	1.98	2	2	1.93	1.91	2.67	1.83	1.5	2
CL14	2.17	3	2.17	2	1.78	3	2.17	2.2	1
CL15	2.3	3	2.67	2.14	1.87	2.5	2.33	2.9	1
	2.24	2.44	2.34	2.32	2.14	2.41	2.25	2.31	1.67

学习策略	调查结果																	
	总体情况		汉字文化圈								非汉字文化圈							
			初级		中级		高级		研究生		初级		中级		高级		研究生	
CL16	2.59		1		2.83		2.57		2.86		3		2.67		2.8		3	
CL17	2.88		3		2.83		2.86		2.68		3		2.67		3		3	
CL18	2.77		3		2.83		3		2.87		2.75		2.67		3		2	
CL19	2.15		2		1.83		2.64		2.7		1.5		2.33		2.2		2	
CL20	2.35	2.57	2	2.56	2.33	2.57	2.71	2.64	2.6	2.65	2.25	2.67	2.33	2.41	2.6	2.65	2	2.44
CL21	2.57		3		2.5		2.14		2.41		2.5		2.2		2.8		3	
CL22	2.55		3		2.83		2.57		2.43		3		2.2		2.4		2	
CL23	2.76		3		2.67		2.57		2.77		3		2.2		2.9		3	
CL24	2.54		3		2.5		2.71		2.5		3		2.4		2.2		2	
CL25	2.39		3		2.5		2.14		2.04		2.33		2.6		2.5		2	
CL26	2.63		3		2.67		2.29		2.21		2.33		2.5		3		3	
CL27	2.11		2		1.67		1.93		2.22		2.33		2		1.7		3	
		2.46		2.67		2.47		2.18		2.3		2.5		2.25		2.48		2.83
CL28	2.55		2		2.83		2.14		2.53		3		2.4		2.5		3	
CL29	2.54		3		2.67		2		2.3		3		2.17		2.2		3	
CL30	2.55		3		2.5		2.57		2.51		2		1.83		3		3	

续表

学习策略	总体情况	调查结果							
		汉字文化圈				非汉字文化圈			
		初级	中级	高级	研究生	初级	中级	高级	研究生
CL31	2.28	3	2	2.29	1.99	2.75	2.17	2	2
CL32	2.09	3	2.17	2.29	1.88	2.75	1.8	1.8	1
CL33	1.98	3	1.83	2.29	1.85	2.5	1.8	1.6	1
CL34	2.35	3	2.5	2.29	1.81	2.25	2.33	2.6	2
CL35	2.14	3	2.17	2	1.92	2.75	1.67	1.6	2
CL36	1.85	3	1.5	1.71	1.83	2.67	2	1.1	1
平均	2.12	3	2.03	2.15	1.88	2.61	1.96	1.78	1.5
CL37	2.13	3	1.83	1.86	2.14	1.67	1.83	1.7	3
CL38	2.08	3	2.17	1.86	2.25	2	1.83	1.5	2
CL39	2.42	3	2.33	2.64	2.73	2.63	2	2	2
CL40	2.44	3	1.83	2.43	2.32	2.75	2.2	2	3
CL41	2.12	1	2.5	2.43	2.32	1.5	2.17	2	3
平均	2.24	2.6	2.13	2.24	2.35	2.11	2.01	1.84	2.6
CL42	2.01	1	2.17	2.36	2.33	1.5	2.25	2.5	2
CL43	2.21	3	2	2.14	2.04	2.5	2	2	2
平均	2.11	2	2.09	2.25	2.19	2	2.13	2.25	2
CL44	2.61	3	2.67	2.71	2.33	2	2.5	2.7	3
CL45	2.03	1	2.5	2.21	2.08	2.75	2.17	2.5	1
CL46	2.22	1	2.67	2.43	2.01	2.5	1.67	2.5	3
平均	2.29	1.67	2.61	2.45	2.14	2.42	2.11	2.57	2.33

　　根据统计结果，笔者对留学生汉字学习策略的总体使用情况和汉字文化圈与非汉字文化圈留学生汉字学习策略的各自使用情况进行了分析。

（一）留学生汉字学习策略的总体分析

在进行总体分析时，笔者借鉴江新、赵果 "以现代认知心理学、教育心理学关于学习策略在信息加工过程中的作用的理论为基础，将汉字学习策略分为两大类：认知策略和元认知策略"，将8项汉字学习策略归入这两类。其中，值得说明的是，根据认知策略的定义（认知策略，cognitive strategies）指在对学习材料进行直接分析、综合和转换等问题解决过程中采取的步骤或操作，具有操作加工或认知加工的功能，是与完成具体学习任务直接联系的[①]，笔者将记忆策略亦归入认知策略。

1.留学生使用认知策略的总体情况分析

认知策略包括字形策略、记忆策略、应用策略、复习策略、归纳策略、笔画策略和音义策略七项汉字学习策略。笔者将此七项汉字学习策略根据其侧重点的不同再细分为与汉字自身形态特征相关的汉字学习策略（为了写作方便以下简称汉字特征策略）和与汉字自身形态特征无关的汉字学习策略（为了写作方便以下简称非汉字特征策略）。汉字特征策略包括字形策略、笔画策略和音义策略，非汉字特征策略包括记忆策略、应用策略、复习策略和归纳策略。接下来，笔者就将这两类策略在留学生中的使用情况进行总体分析。

（1）留学生使用汉字特征策略的总体情况分析，如表4-4所示。

表4-4　留学生使用汉字特征策略的总体平均值

汉字特征策略	使用情况平均值
字形策略	2.29
笔画策略	2.24
音义策略	2.11

通过对留学生使用字形、笔画、音义三项策略的比较，可以清楚看出：
①留学生最常用的汉字特征策略是字形策略。

留学生学习汉字时，使用字形策略的平均值为2.29，明显高于使用笔画策略和音义策略的频率，这就说明留学生在学习汉字时，最重视的是汉字的

①江新,赵果.初级阶段外国留学生汉字学习策略的调查研究[J].语言教学与研究,2001(4):11.

字形，毕竟汉字的字形是汉字最直接的体现，记住汉字的字形对于汉字的认读、词语的认读乃至于课文的阅读都是至关重要的，因此留学生在使用汉字特征策略时，更多选择的是字形策略。

②音义策略是留学生使用最少的汉字特征策略。

在笔画策略与音义策略中，笔画策略的总体使用平均值为2.24，音义策略的总体使用平均值为2.11，由此可见，笔画策略比音义策略更受留学生的青睐。此现象也是合理的，因为汉字都是由笔画构成的，要想记住汉字的字形，学会汉字的基本笔画也是必不可少的。而要想把汉字的音、形、义联系起来则需要更多的汉语知识和汉字知识，这对于留学生，尤其是非汉字文化圈的留学生来说还是比较困难的，所以音义策略的使用频率是三项汉字特征策略中使用频率最低的。

（2）留学生使用非汉字特征策略的总体情况分析，如表4-5所示。

表4-5 留学生使用非汉字特征策略的总体平均值

非汉字特征策略	使用情况平均值
记忆策略	2.24
应用策略	2.57
复习策略	2.46
归纳策略	2.12

根据非汉字特征策略的使用情况对比，可得出的分析结果如下：

①留学生最常用的非汉字特征策略是应用策略，使用最少的是归纳策略。随着留学生的汉字积累量的增加和汉语知识的丰富，为应用策略的使用提供了很大的便利，因此应用策略成为非汉字特征策略中最受留学生青睐的汉字学习策略。而归纳策略的使用频率则最低，成为留学生最少使用的非汉字特征策略，这或许是因为留学生对于汉字的兴趣会随着汉字的学习慢慢淡去，而且汉字的学习任务越来越重，学习量也越来越大，所以留学生就渐渐忽视了对于汉字的比较、归纳和总结。

②留学生使用复习策略的频率高于使用记忆策略的频率。复习策略的使用平均值为2.46，高于记忆策略的使用频率。这可能是因为留学生要学习的汉字量很大，如果不加强对汉字的复习，势必将影响其他汉语知识的学习和汉语能力的提高，因此留学生比较重视汉字的复习以巩固生字。记忆策略的使用频率略低，则说明留学生并不是很重视回忆、默写、联想等记忆策略的

使用。

2.留学生使用元认知策略的总体情况分析

元认知策略（metacognitive strategies）指利用对认知过程的认识，试图通过计划、监控和评价来规范语言学习活动，具有执行和控制的功能，如引导注意、自我管理等[①]。笔者在此将元认知策略细分为监控策略和计划策略两部分，并从这两部分着手对留学生元认知策略的中体情况进行简要的分析。监控策略即对汉字学习中出现的错误进行自我监控，并对学习进展情况进行自我评价的策略（CL44、CL45）；计划策略即制定汉字学习的计划以及要达到的目标的策略（CL46）。

留学生元认知策略的总体使用情况，如表4-6所示。

表4-6 留学生使用元认知策略的总体平均值

元认知策略	使用情况平均值
监控策略	2.32
计划策略	2.22

留学生使用元认知策略时，使用监控策略的频率高于使用计划策略的频率。

留学生使用监控策略的总体平均值为2.32，使用计划策略的总体平均值为2.22，使用监控策略的频率明显高于使用计划策略的频率。此现象说明大部分留学生对自己的汉字学习情况能够进行监控。比如，了解自己的汉字认读或书写错误，以提醒自己避免同类错误和评价自己的汉字学习情况。而计划策略的使用频率较低则说明，留学生学习汉字时的计划性不强，较少为自己制定汉字学习计划和目标。

此外，由留学生学习汉语的动机可以发现，对汉语感兴趣能够促使留学生使用监控策略。

笔者粗略地统计了留学生学习汉语的动机，试图发现学习动机与元认知策略使用的联系。留学生的学习动机由强到弱依次为：对汉语感兴趣>工作需要>对中国文化感兴趣>有朋友或家人说汉语>旅游需要、父母要求>其他原因。通过以上留学生学习汉语动机的强弱可以发现，留学生对汉语感兴趣引起的学习动机最强。而留学生使用监控策略的频率较高，由此可以发现对汉

[①] 江新,赵果.初级阶段外国留学生汉字学习策略的调查研究[J].语言教学与研究,2001(4):11.

语感兴趣能够促使留学生使用监控策略。但计划策略的使用与学习动机的联系并不明显。

(二)留学生汉字学习策略的比较分析

1.汉字文化圈留学生汉字学习策略的分析

初级阶段汉字文化圈留学生在学习汉字时所使用的汉字学习策略（一级指标）由高到低依次为：归纳策略，复习策略，笔画策略，应用策略，字形策略，记忆策略，音义策略，元认知策略。这与江新、赵果所得出的"留学生最常使用的是字形策略，音义策略，笔画策略和复习策略，其次是应用策略，最不常用的是归纳策略"①的结论还是有些出入的，但江新、赵果所得结论的调查对象包含了汉字文化圈和非汉字文化圈两类留学生，而笔者所得出的结论单单针对汉字文化圈的留学生。

中级阶段汉字文化圈的留学生在学习汉字时总体所使用的汉字学习策略频率由高到低依次为：元认知策略，应用策略，复习策略，记忆策略，字形策略，笔画策略，音义策略，归纳策略。高级阶段汉字文化圈的留学生在学习汉字时总体所使用的汉字学习策略频率由高到低依次为：应用策略，字形策略，元认知策略，记忆策略，音义策略，笔画策略，复习策略，归纳策略。研究生阶段留学生在学习汉字时总体所使用的汉字学习策略频率由高到低依次为：应用策略，笔画策略，复习策略，字形策略，音义策略，元认知策略和记忆策略，归纳策略。参见图4-2。

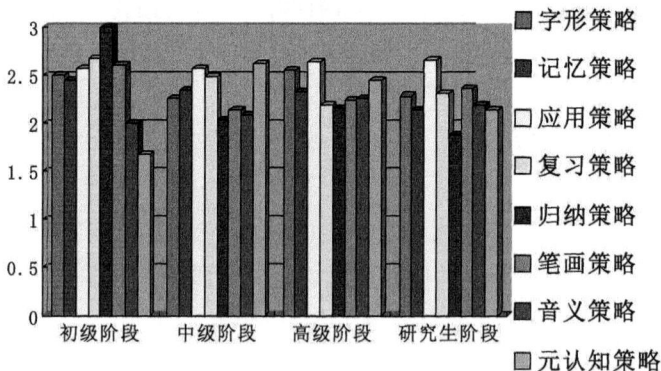

图4-2 初级、中级、高级和研究生阶段汉字文化圈留学生汉字学习策略使用情况统计图

①江新,赵果.初级阶段外国留学生汉字学习策略的调查研究[J].语言教学与研究,2001(4):10.

通过4个阶段留学生汉字学习策略的使用情况对比，可以得出以下结论：

（1）归纳策略在初级阶段的使用频率最高，在中级、高级、研究生阶段却为使用频率最低的汉字学习策略。

归纳策略是初级阶段汉字文化圈留学生使用最多的汉字学习策略，这说明此类留学生在学习汉字时能对汉字的字音、字形作出一定的比较和总结。CL31至CL36的使用频率都非常高，这也反映了此类留学生能够较好地掌握和使用形旁、声旁等汉字知识。而在中级、高级和研究生阶段，归纳策略的使用频率非常低，这或许是因为中级、高级和研究生阶段的留学生对于汉字的兴趣慢慢淡去，汉字的学习任务也越来越重，学习量越来越大，留学生就渐渐忽视了对于汉字的比较、归纳和总结。

（2）初级、中级、高级和研究生阶段汉字文化圈留学生使用应用策略的频率呈递增趋势。

这四个阶段汉字文化圈留学生使用应用策略的平均值分别为2.56，2.57，2.64和2.65，从数值上可以明显看出应用策略的使用频率呈递增趋势。这就说明随着汉语水平的提高，留学生对汉字应用的重视度也不断提高。在实际中应用、巩固所学的汉字，能够使留学生发现自己对汉字的理解还存在哪些问题和不足，从而促使其自我完善，使汉字掌握得更好、更牢。

在应用策略的二级指标中，初级阶段使用较多的是CL17（用汉字记笔记）、CL18（用汉字发短信、写日记）、CL21（利用字典记忆汉字部件）、CL22（在生字中寻找认识的部件）、CL23（使用字典或词典学习汉字）和CL24（努力应用所学汉字）；中级阶段使用较多的为CL16（用汉字做作业或练习）、CL17、CL18；高级阶段使用较多的是CL17、CL18、CL19（看中文书报）和CL20（浏览中文网页或学习网站）；研究生阶段使用较多的为CL16、CL18、CL19、CL20和CL23。通过这些二级指标的应用比较可以发现，随着汉语水平的提高，留学生使用的应用策略也渐渐由较基础的策略（如CL16、CL17、CL18）转向较灵活的、汉语水平要求较高的策略（如CL19、CL20）。

（3）记忆策略的使用频率随着汉字文化圈留学生汉语水平的提高呈下降趋势。

此现象说明随着汉语学习水平的提高和汉字知识、汉字积累的增加，记忆策略这种规律性不强、操作起来比较枯燥的学习策略已渐渐不能满足留学生学习汉字的需求，而一些灵活性强、趣味性大、知识量丰富的汉字学习策略则越来越受留学生的青睐，比如应用策略。

汉字文化圈留学生在使用记忆策略时，初级阶段较多使用CL7（整体记忆汉字部件）、CL8（根据老师讲解的汉字部件的意义记忆汉字部件）、CL9（回忆默写汉字部件）、CL14（记忆汉字时比较形近字）和CL15（记忆形声字时用形旁声旁的意义组合方式）；中级阶段较多使用CL10（回忆默写汉字或生词）、CL11（字形联想记忆汉字）、CL12（记忆汉字时先记忆熟悉的部件）和CL15；高级阶段使用较多的是CL8和CL10；研究生阶段使用较多的是CL11。由以上四个阶段使用记忆策略二级指标的数量也可发现，随着留学生汉语水平的提高，记忆策略的使用越来越少。

2.非汉字文化圈留学生汉字学习策略的分析

初级阶段非汉字文化圈的留学生选择使用汉字学习策略一级指标顺序由高到低依次为：应用策略，归纳策略，复习策略，元认知策略，记忆策略，字形策略，笔画策略，音义策略。中级阶段非汉字文化圈的留学生在学习汉字时总体所使用的汉字学习策略频率由高到低依次为：应用策略，字形策略，记忆策略和复习策略，音义策略，元认知策略，笔画策略，归纳策略。高级阶段非汉字文化圈的留学生在学习汉字时总体所使用的汉字学习策略频率由高到低依次为：应用策略，元认知策略，复习策略，字形策略，记忆策略，音义策略，笔画策略，归纳策略。研究生阶段留学生在学习汉字时总体所使用的汉字学习策略频率由高到低依次为：复习策略，笔画策略，应用策略，元认知策略，音义策略，字形策略，记忆策略，归纳策略。参见图4-3。

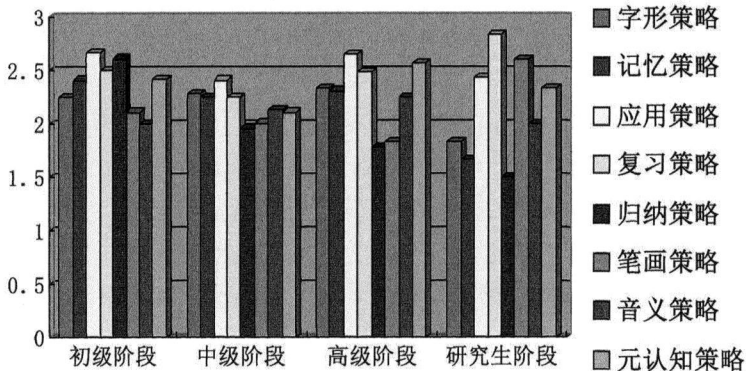

图4-3　初级、中级、高级和研究生阶段非汉字文化圈留学生
汉字学习策略使用情况统计图

通过四个阶段留学生汉字学习策略的使用情况对比，得出分析结果如下：

（1）初级、中级、高级阶段非汉字文化圈留学生最常用的汉字学习策略是应用策略，而研究生阶段非汉字文化圈留学生最常用的是复习策略。

此现象说明初级、中级、高级阶段非汉字文化圈的留学生对于应用策略这种较灵活的学习策略很是青睐，也反映了他们学习汉语、汉字时的特点——注重实际应用多于死记硬背，实际应用中学习的知识会使人的印象更加深刻，所以此策略是这三个阶段非汉字文化圈留学生最为常用的汉字学习策略。此外，这三个阶段的留学生使用应用策略二级指标时，都最常使用CL16（用汉字做作业或练习）、CL17（用汉字记笔记）和CL18（用汉字发短信、写日记），这就表明这三个阶段的留学生对较基础的应用策略比较青睐，对较灵活和汉语、汉字水平要求较高的应用策略的重视度不高。

研究生阶段非汉字文化圈留学生使用复习策略的频率最高说明了此类留学生能够正视复习在学习中的作用。到了研究生阶段，需要留学生掌握的汉字、词汇非常之多，如果不经常复习就很容易忘记。因此，复习策略成为此类留学生最为常用的汉字学习策略。在复习策略的二级指标中，此类留学生使用较多的为CL26（抄写汉字或生词）、CL27（抄写句子或课文）、CL28（认读生字或生词）、CL29（朗读课文）和CL30（查字典复习生字或生词）。此类留学生使用复习策略非常频繁，显示出对汉字复习的重视度非常之高。

（2）归纳策略的使用频率随着非汉字文化圈留学生汉语水平的提高呈下降趋势。

这四个阶段汉字文化圈留学生使用归纳策略的平均值分别为2.61，1.96，1.78和1.5，从数值上可以明显看出归纳策略的使用频率呈下降趋势。这就说明随着汉语水平的提高，留学生对所学汉字的特点不能进行很好地总结和归纳，这或许是因为汉字的学习量逐渐增大，对汉字进行归纳和比较的工作量也不断增加，并且越来越烦琐，因此非汉字文化圈留学生就渐渐忽视了此项策略的应用。这四个阶段的留学生使用归纳策略二级指标的具体情况为：初级阶段较常使用CL31（对比形近汉字）、CL32（对比同音字或音近字）和CL35（根据形旁或声旁归类汉字），中、高级阶段较常使用CL34（利用形旁或声旁联系生字和已知字），而研究生阶段则很少使用归纳策略。通过四阶段留学生使用归纳策略二级指标的情况也可看出，随着汉语水平的提高，非汉字文化圈留学生对汉字的归纳的重视度逐渐下降。此外，值得一提的是，中、高级阶段留学生较常使用CL34，这说明留学生通过学习对形旁、声旁的认识不断加强，能够利用形旁、声旁的知识学习生字。

3.汉字文化圈与非汉字文化圈留学生汉字学习策略的对比

不同文化圈的留学生在学习汉字时具有不同的特点。上文中笔者分别对汉字文化圈和非汉字文化圈各个阶段的留学生的八项汉字学习策略的使用情况进行了分析。下面，笔者将把汉字文化圈和非汉字文化圈各个阶段留学生的汉字学习策略的使用情况进行对比和分析，揭示汉字文化圈和非汉字文化圈留学生学习汉字时使用的汉字学习策略的特点，为对外汉字教学提供参考，具体情况显示于图4-4。

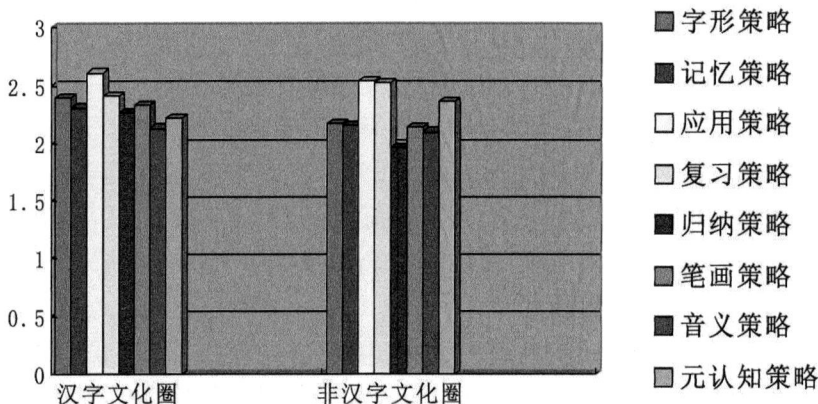

图4-4 汉字文化圈和非汉字文化圈留学生汉字学习策略使用情况统计图

汉字文化圈留学生选择使用汉字学习策略一级指标顺序由高到低依次为：应用策略，复习策略，字形策略，笔画策略，记忆策略，归纳策略，元认知策略，音义策略。而非汉字文化圈留学生在学习汉字时总体所使用的汉字学习策略频率由高到低依次为：应用策略，复习策略，元认知策略，字形策略，笔画策略，记忆策略，音义策略，归纳策略。通过这两组留学生汉字学习策略的对比可得出：

（1）汉字文化圈和非汉字文化圈留学生最常用的汉字学习策略都为应用策略。

汉字文化圈留学生使用应用策略的平均值为2.61，非汉字文化圈留学生使用应用策略的平均值为2.54，都为八项一级指标中使用频率最高的汉字学习策略。

（2）非汉字文化圈留学生比汉字文化圈留学生更常使用元认知策略。

非汉字文化圈留学生使用元认知策略的平均值为2.36，在八项一级指标中排第三位，而汉字文化圈留学生使用元认知策略的平均值为2.22，在八项一级指标中排第七位。文化背景的不同，汉语、汉字对非汉字文化圈留学生来说比对汉字文化圈留学生更加陌生。因此，非汉字文化圈留学生在学习汉字时就比汉字文化圈留学生更加注意自我监控，计划性也更强。

（3）汉字文化圈留学生对汉字归纳、总结的能力强于非汉字文化圈留学生。

汉字文化圈留学生使用归纳策略的平均值为2.27，而非汉字文化圈留学生使用归纳策略的平均值为1.96，是八项一级指标中使用最少的汉字学习策略。这就说明了汉字文化圈留学生对于汉字特点、规律的认识能力强于非汉字文化圈留学生，这可能是由于汉字文化圈留学生的"字感"比非汉字文化圈留学生好而造成的。

（三）留学生汉字学习策略有效性的研究

本部分笔者以中级、高级阶段留学生为例，对汉字学习策略的有效性进行分析。分析方法为：通过汉字水平测量表选出汉字学习效果较理想的留学生，统计出他们使用汉字学习策略的情况与留学生使用汉字学习策略的总体情况进行比较，以揭示汉字学习策略的有效性。其中，汉字学习效果较理想的留学生的具体选取方法是：先将中级、高级阶段留学生的汉字水平测量表进行评阅和分数统计（共40题，满分为40分，每题1分），再将他们的分数从高到低进行排列，最后选取排名靠前的40%的留学生为汉字学习效果较理想的留学生。

1.中级阶段留学生汉字学习策略有效性的研究

中级阶段留学生在学习汉字时总体所使用的汉字学习策略频率由高到低依次为：应用策略，复习策略和元认知策略，记忆策略，字形策略，音义策略，笔画策略，归纳策略。而汉字学习效果较理想的留学生使用汉字学习策略的总体情况（由高到低）是：应用策略，记忆策略，元认知策略和复习策略，字形策略，笔画策略，音义策略，归纳策略。通过两组数据的对比可以得出：

（1）应用策略是中级阶段留学生最有效的汉字学习策略。

中级阶段留学生总体使用最多的汉字学习策略是应用策略，使用平均值为2.49。此阶段汉字学习效果较理想的留学生使用最多的也是应用策略，使用平均值为2.47。因此，应用策略为对中级阶段留学生最有效的汉字学习策略。参见图4-5。

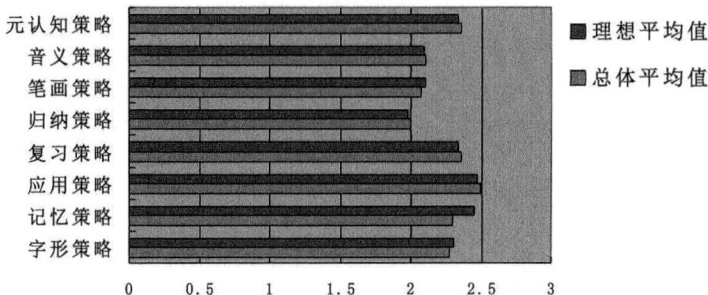

图4-5 中级阶段留学生使用汉字学习策略的总体平均值与理想平均值的对比

（2）对中级阶段留学生来说，记忆策略比复习策略和元认知策略更能帮助汉字的学习。

中级阶段汉字学习效果较理想的留学生使用记忆策略的平均值为2.45，高于使用复习策略和元认知策略的平均值（2.34），也就是说此类留学生使用记忆策略多于使用复习策略和元认知策略。记忆策略能有效地帮助留学生掌握汉字部件、字形等，从而提高留学生的汉字认读能力和书写能力，这可能是此类留学生选择使用记忆策略的原因。

（3）笔画策略比音义策略更为有效。

中级阶段汉字学习效果较理想的留学生使用笔画策略的平均值为2.1，使用音义策略的平均值为2.09，笔画策略的使用频率略高于音义策略的使用频率。而从总体情况看，中级阶段留学生使用音义策略的频率高于使用笔画策略的频率。因此，可以推断出对于中级阶段留学生来说，笔画策略是更为有效的汉字学习策略。

2.高级阶段留学生汉字学习策略有效性的研究

高级阶段留学生在学习汉字时总体所使用的汉字学习策略频率由高到低依次为：应用策略，元认知策略，字形策略，复习策略，记忆策略，音义策略，笔画策略，归纳策略。而汉字学习效果较理想的留学生使用汉字学习策略的总体情况（由高到低）则为：元认知策略，应用策略，字形策略，音义策略，复习策略，记忆策略，归纳策略，笔画策略。经过分析，可以得出的以下结论：

（1）对于高级阶段留学生来说，较为有效的汉字学习策略是元认知策略和应用策略，而且元认知策略比应用策略更有效。

高级阶段汉字学习效果较理想的留学生使用元认知策略和应用策略的频率都非常高，元认知策略的使用平均值达到了2.81，高于应用策略的使用平均值（2.72）。高级阶段留学生的汉语水平和汉字水平都比较高，如果在此阶段留学生能对自己的汉字学习情况更加重视，经常评价自身汉字的学习水平，并据此制定出适合自己的汉字学习计划，这对汉字的学习是非常有益的。而注意对所学的汉字进行应用，也能很好地帮助留学生学习、复习汉字。

（2）从两组策略使用情况的对比中可发现，音义策略比复习策略和记忆策略对高级阶段留学生的汉字学习帮助更大。

音义策略对高级阶段留学生的汉字学习有较大帮助，说明汉字的音、形、义是此阶段留学生学习汉字的较重要的因素。掌握好汉字的音、形、义，就能在汉字的学习中取得较好的效果。从音义策略二级指标的角度看，高级阶段留学生总体上使用音义策略时，CL42（先联系字音和字义，后联系字形记忆汉字）的使用频率最高，其次是CL43（利用同音字或音近字记忆生字）。这一现象反映了此类留学生能够将字音和字义之间的联系融入汉字字形，从汉字音、形、义三种角度去学习汉字，而同音字或音近字与生字只有字音上的联系，因此，此类留学生使用CL42的频率高于CL43。

（3）归纳策略比笔画策略更为有效。

高级阶段汉字学习效果较理想的留学生使用归纳策略的平均值为2.03，略高于笔画策略，这反映出对汉字的特点、规律进行归纳和总结比根据汉字的笔画、笔顺学习汉字对汉字的学习帮助更大。从二级指标的角度看，此类留学生使用CL31（对比形近汉字）和CL35（根据形旁或声旁归类汉字）较多，这就说明汉字的字形、形旁声旁的知识对于汉字学习十分重要。参见图4-6.

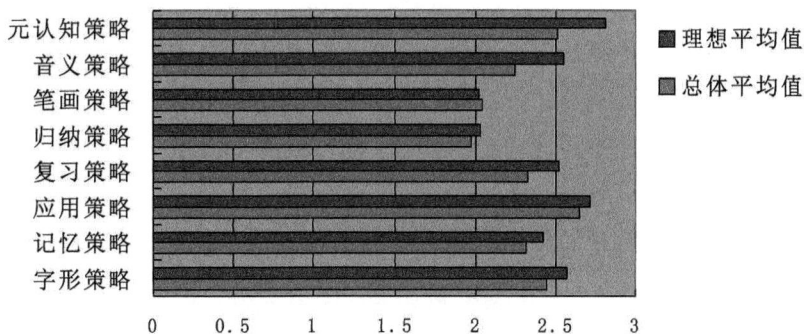

图4-6　高级阶段留学生使用汉字学习策略的总体平均值与理想平均值的对比

3.汉字学习策略有效性的验证

通过上述分析，笔者得出了对中级、高级阶段留学生更为有效的汉字学习策略，接下来笔者将对这些策略的有效性进行验证。

根据汉字水平测量表的测量，笔者发现研究生阶段留学生的正确率都比较高，这就反映了他们的汉字学习效果都比较好。因此，笔者将把中、高级阶段汉字学习效果较好的留学生使用汉字学习策略的情况与研究生阶段留学生使用汉字学习策略的情况进行对比，来验证汉字学习策略的有效性。

中级阶段汉字学习效果较理想的留学生使用汉字学习策略的顺序由高到低依次为：应用策略，记忆策略，元认知策略和复习策略，字形策略，笔画策略，音义策略，归纳策略；高级阶段汉字学习效果较理想的留学生使用汉字学习策略的总体情况由高到低则为：元认知策略，应用策略，字形策略，音义策略，复习策略，记忆策略，归纳策略，笔画策略；研究生中的留学生使用汉字学习策略的总体使用频率由高到低为：复习策略，应用策略，笔画策略，元认知策略，音义策略，字形策略，记忆策略，归纳策略。

通过以上三组数据的对比可以发现，应用策略确为非常有效的汉字学习策略，因为三类留学生使用应用策略的频率都非常高。对中级阶段留学生来说，笔画策略比音义策略有效的结论也得到了验证，因为研究生阶段的留学生使用笔画策略的频率也高于使用音义策略的频率。对于高级阶段留学生来说，音义策略比复习策略有效，但在研究生阶段，复习策略的效果却更好，这可能是因为研究生阶段留学生的汉语水平、汉字水平和汉字知识都比较高，而且常用的汉字已基本学完，此阶段留学生更注重的是对汉字的复习和巩固。而高级阶段留学生还处于汉字知识的吸收阶段，因此对汉字的音、形、义的关注度比较高。此外，对高级阶段留学生来说，音义策略确比记忆策略对汉字学习的帮助更大。

三、留学生汉字学习策略存在的问题及解决办法

（一）留学生汉字学习策略存在的问题

通过对留学生使用汉字学习策略的调查，笔者发现留学生在使用汉字学习策略时还存在一些问题：

第一，汉字的归纳意识薄弱。

根据调查显示，留学生在使用归纳策略时，初级阶段外，其他三个阶段的使用频率都非常低，而且随着留学生汉语水平的提高呈下降趋势。这就说明了大部分留学生对所学汉字不能很好地进行归纳和总结，并且留学生的汉语水平越高，对汉字的归纳和总结就越容易被忽视。

第二，汉字学习的计划性较弱。

通过分析结果可以发现，留学生在使用元认知策略时，使用监控策略的频率高于使用计划策略的频率，这反映了留学生在学习汉字时的计划性不强，不能很好地为自己制定一些汉字学习计划。

第三，大部分中级阶段留学生使用记忆策略的意识不强。

从中级阶段留学生汉字学习策略有效性研究得出的结果来看，记忆策略是对中级阶段留学生的汉字学习帮助很大汉字学习策略，而此阶段大部分留学生还没有意识到记忆策略的重要性，使用记忆策略的频率还比较低。

第四，大部分高级阶段留学生不重视音义策略在汉字学习中的作用。

根据高级阶段留学生汉字学习策略有效性研究的结果可以发现，音义策略是对高级阶段留学生非常有效的汉字学习策略，但不少高级阶段的留学生对音义策略的重视程度还不够，在学习汉字时很少使用此策略。

（二）留学生汉字学习策略存在问题的解决办法

针对以上问题，笔者将从学习者和教师两种角度提出解决办法：

对于留学生汉字归纳意识薄弱问题，从学习者的角度出发，首先，应该提高学习者自身对汉字归纳的重要性的认识。只有先认识到汉字归纳的重要性，才能重视汉字归纳策略，从而促使自己使用归纳策略。其次，学习者应加强汉字知识的学习，多了解汉字的特点，这样在遇到生字时，学习者就能够利用汉字的知识和特点对生字作出判断。再次，学习者在学习生字时，应先对生字类型作出判断，以加深对生字的印象，从而提高生字的学习效果。最后，学习者应多做一些关于汉字归纳的练习，使自己对汉字的归纳更加熟练，这样在学习汉字时就能够主动使用归纳策略。

从教师的角度出发，要想提高学习者的汉字归纳意识，首先，离不开教师的引导。教师在进行汉字教学时，应给学习者树立汉字归纳策略对汉字的学习非常重要的意识，这样才会引起学习者对归纳策略的重视。其次，教师在课堂上应加强对归纳策略的使用训练。教师在汉字教学过程中主动使用归纳策略，并鼓励学习者使用，这样通过课堂教学、训练的渗透，学习者也会更加积极主动地使用归纳策略。最后，教师在进行汉字教学时还应加强汉字基础知识的讲解，让学习者能够更全面地掌握汉字知识，为归纳策略的使用提供便利。

第五章 泰国中学生汉语（汉字）教学现状调查研究

——以泰国程逸中学为例

进入20世纪90年代后，泰国"汉语热"持续升温，汉语教学与汉语推广进入了前所未有的繁荣时期。究其原因，主要归于三个方面：经济上，中泰两国经贸交往日益加深；政治上，中泰两国的双边友好关系进一步发展，政治互信日益加深；文化上，中泰两国血缘相亲、文化相通，包括中国语言文字在内的中华文化对广大泰国人民而言具有由来已久的认同感和吸引力。三个方面相辅相成，共同促成了泰国各种形式的汉语教学蓬勃发展的现状。泰国政府也大力支持汉语教学，并在公立中小学开设汉语课程。除了一些大学的汉语专业和华人学校的汉语课程外，政府也在鼓励公立学校开设汉语课程。目前已经有650所公立中小学开设汉语课，并从中国引进汉语志愿者教师帮助汉语教学。现在全国有40家汉语中心。可以说，泰国公立学校的汉语教学正在如火如荼地进行。据泰国教育部基础教育委员会办事处统计的资料显示，2004年全泰国的普通中学共有32 413所，另有私立中、小学3 330所[①]。

当前学界对泰国学生汉语学习的研究多以来华留学生为研究对象，以泰国本土学生为研究对象的研究较少[②]，而中小学正是泰国汉语学习的中坚群体[③]。泰国公立中学的学生是很特殊的群体：他们不像成人那样学习认真、动机明确，也没有在中国留学的学生那样的汉语环境，而且这些学校的大部分

---

① 林浩业.浅谈泰国汉语教学现状及其对汉语教师的要求[J].湖北广播电视大学学报，2007(11):97.

② 赵倩,林昱.泰越本土学生汉语学习的内在需求对比研究[J].语言教学与研究,2012(5):18.

③ 汪向.泰国小学汉语教学的现状及发展前瞻[J].云南师范大学学报(对外汉语教学与研究版),2012(4):63-69.

学生不是华裔，对学习汉语没有情感上的纽带和动力。同时，泰国学生的课堂表现普遍不理想，课堂秩序较为散漫。因此，学生本身的个性特点、学习动机、语言能力、认知水平和对汉语的态度、信心以及泰国社会、文化等各种因素影响，使得泰国公立中学学生的汉语学习存在很多问题。如何真正地提高泰国公立中学的汉语教学效果，就成了一个我们必须重视和研究的问题。

程逸中学坐落于泰国的程逸府，程逸府是一个比较发达的城市。程逸中学历史悠久，是泰国程逸府最有名的学校之一。2011年，笔者所在的课题组成员利用实习的机会，对程逸中学的汉语教学现状进行了深入的调查。调查内容包括：泰国程逸中学的历史沿革、"汉语教学现状"和对如何振兴汉语教学的对策与建议。对泰国本土中学汉语教学情况展开调查，了解中学生对汉语学习（含汉字学习）的态度，是了解学生汉语学习（含汉字学习）需求的有效手段，能够发现包括汉字在内的汉语教学存在的问题，深化对泰国汉语教学现状的理解和认识，进而提出相应的对策与建议。本章以程逸中学为例，调查泰国中学生对汉语教学的感知和态度，尝试在这方面做探索性研究，从一个侧面加深对外国人汉字习得规律的了解和认识。

一、泰国程逸中学的汉语教学现状

(一)泰国汉语教学基本情况

泰国汉语教学始于拉玛王朝四世王时期，由社区或地方会馆及慈善机构开办的私立学校始办，此后，便有了子孙后代使用汉语交际并传承文化的办学宗旨。后来，由于当时政府的政策，每所私立汉语学校都受到了特殊管制。到了泰中建交之后，严格管制汉语学校的政策得以放宽。如今，私立汉语学校和其他私立学校一样，可以由学校自主管理，除在公立和私立大学开设汉语本科专业之外，汉语还成为职业学校的选修课，得到了大力推广。

目前，在泰国的各级各类学校中都有汉语教学。由于使用汉语进行经济贸易及社会服务的需要，泰国社会出现了汉语热，社会各界想学汉语的人越来越多。

泰国教育部已经深刻地认识到汉语教学的重要性，但到目前为止教育部还没有一套明确的汉语教学大纲，一些教育机构与汉语专家合作，制订自己的汉语教学大纲，或者借用学校互助网制订教学大纲。此外，各阶段的教学大纲也没有连续性,有的学校在小学阶段就开设汉语课,另一些学校则在中学阶段才开设,这样他们的汉语学习就没有了连续性。以致汉语教学虽广泛开展,但大部分学生的汉语能力未达到应有的水平。

泰国政府对华文教学逐步开放,并不断出台推动发展的各项政策。1992年,泰国内阁会议批准各级学校可将中文设为选修课,并有权自选教材和聘用中国教师,使汉语的教学地位与其他外语平等;1995年教育部放宽对外语教学的限制,鼓励小学生及初中生选修第二外语,高中生则可自由选修外语;1998年教育部将汉语列入高等学校入学考试外语选考科目;2005年,教育部制订汉语教学发展计划,目标之一是争取用3~5年时间在全国国立中小学普及汉语课程。中国汉办也将泰国列为重点支持发展汉语教学的国家,2006年两国签署协议,中国承诺在师资、教材、汉语考试等方面给予大力支持,力图使泰国成为国外汉语教学的典范①。2008年,泰国政府下达了"汉语普及令",要求普及中学阶段的汉语教育②。

中文学校是泰国教授汉语的主要场所之一。据泰国教育部统计,2003年泰国全国有中文学校113所。这些中文学校遍布泰国主要城市,曼谷及中部地区有22所,其他各府有91所,均为华侨社团所办。中文学校绝大部分为小学,因此,在中文学校学习的学生多为7~13岁的小学生。泰国当局规定,中文学校只能在一年级至四年级教授中文,每周授课不得超过10学时,必须使用教育部规定的汉语教材③。总之,虽然1992年泰国政府才批准汉语为选修课,但是泰国汉语教学在很早就已经存在了。

(二)泰国程逸中学的历史

程逸中学创建于1909年,起源于廊曼地区的Tatanon寺庙。在古代,这家寺庙被称为Wangtaomor寺庙。开创初期,学校在寺庙内、大殿内和后院空地上进行教学活动。一些有文化、有经验的人成为教师。生活在寺庙附近的孩子就成了学生。

拉玛五世时期(1868—1910年)是泰国教育改革和发展的转折点。1902年,泰国颁布法令,在全国推行全民教育。1909年,鉴于当时的教育体制,

①王宇轩.泰国中小学华文教育的现状、问题及对策[J].暨南大学华文学院学报,2008(4):10.

②张凡.泰国的教育制度与汉语教学现状[J].湖北广播电视大学学报,2011(2):10.

③陈记运.泰国汉语教学现状[J].世界汉语教学,2006(3):129.

Wangtaomor 寺庙学校被命名为 "Tatanonwittayakom 寺庙中学"。Jampa Wech-abut 先生为第一任校长，On Hempan 先生担任他的助理。在 1913 年，学校搬迁至 Borom-ma-aas 路（现在是程逸幼儿园学校）。当时，泰国教育部门逐渐在学校教育上加大了投入。

1941 年，当时 Tatanonwittayakom 寺庙中学的校长 Dad Jantanapo 先生将学校搬迁至现今地址，同时把校名改为"程逸省级中学"，1952 年改为"程逸中学"，并沿用至今。如今，泰国程逸学校有 100 多年历史了。

程逸中学学校规模很大，也是很有名的学校。纳烈·系批龙先生（Mr. Nared Sripirom）是程逸中学的现任校长。全校的教师有 162 个人左右（师资具体情况见表 5-1），学生有 2 500 人左右。

表 5-1 程逸中学教师队伍概况

	男性	女性	合计
1.1 校长	1	–	1
1.2 副院长	3	1	4
2. 管理人员			
2.1 辅导教师	–	2	2
2.2 图书管理员	–	1	1
2.3 总务	–	1	1
3. 教师			
3.1 泰语部门	–	16	16
3.2 数学部门	5	12	17
3.3 科学部门	10	10	20
3.4 社会部门	6	14	20
3.5 体育部门	8	2	10
3.6 艺术部门	5	3	8
3.7 劳技部门	10	8	18
3.8 外语部门	1	17	18
4. 外编教师	8	9	17

（三）泰国程逸中学的汉语教学基本情况

1.汉语教学管理体制

泰国程逸中学的汉语教学管理体制主要是由外语部安排课时和教师。

2.汉语课程设置及教学大纲

根据教育部学术和教育标准办公室制定的外语教学课程设置，对教学笼统设定了一些标准，在各校将第二外语（汉语）设置为选修课。程逸中学2009年开始汉语教学，第一年实验班开设在高中一年级八班的文科汉语与英语班，这个班是选择汉语作为高考外语选考科目的高中班，共有44名学生，每周4课时。另外还有高中的汉教俱乐部，每个星期四有1课时。

到2010年，程逸学校的汉语教学得到了进一步发展，开设的汉语课分为两大类：一是以选择汉语作为高考外语选考科目的高中文科汉语与英语班，汉语在高中八班列为必修课的，每周共有4课时；二是将汉语列为第二外语的选修课，这门课是全校学生都要学习的，每周1课时。

到我们开展调查的2011年，这所学校已经开设了三年汉语教学课程。现有3个文科汉语与英语班，除了文科汉语与英语班的汉语必修课之外，每个年级，都有1节课是汉语选修课。就全校来看，只有高中三年级一班到五班的学生没有学汉语课。具体的课程设置和课表如表5-2、表5-3、表5-4所示：

表5-2 2011年程逸中学汉语教学设置情况

班级	一班	二班	三班	四班	五班	六班	七班	八班	九班	十班
初中一年级	选修	选修	选修	选修	选修	选修	选修	选修	选修	选修
初中二年级	选修	选修	选修	选修	选修	选修	选修	选修	选修	选修
初中三年级	选修	选修	选修	选修	选修	选修	选修	选修	选修	选修
高中一年级	选修	选修	选修	选修	选修	选修	选修	选修和必修	选修	选修

续表

高中二年级	选修	选修	选修	选修	选修	选修	选修	选修和必修	选修	选修
高中三年级	–	–	–	–	–	选修	选修	选修和必修	选修	选修

注：

1. 必修课是选择汉语作为高考外语选考科目的高中八班，一个星期共有4节课。

2. 选修是以汉语为第二外语选修课的初中和高中，一个星期共1节课。除了高中三年级一班至五班的学生以外，其他班级都要学汉语为第二外语的选修课。

表5-3 2011年程逸中学初中汉语课表

时间 55分钟	1 08:30– 09:25	2 09:25– 10:20	3 10:20– 11:15	4 11:15– 12:10	5 12:10– 13:05	6 13:05– 14:00	7 14:00– 14:55	8 14:55– 15:50
星期一	1/2	1/6 2/10			3/1 2/3	3/10		3/5
星期二	3/8	3/7 2/1			3/2 2/4			
星期三	2/2	1/3 2/5	3/9	午饭		1/4 2/7		1/8
星期四			1/7 2/6		3/4	1/10	3/3	
星期五		2/8 3/6	1/5 2/9		1/9			1/1

注：

1/1 - 1/10 = 初中一年级一班到十班。

2/1 - 2/10 = 初中二年级一班到十班。

3/1 - 3/10 = 初中三年级一班到十班。

表5-4　2011年程逸中学高中的汉语课表

时间 55分钟	1 08:30- 09:25	2 09:25- 10:20	3 10:20- 11:15	4 11:15- 12:10	5 12:10- 13:05	6 13:05- 14:00	7 14:00- 14:55	8 14:55- 15:50
星期一	5/6	6/8	4/5 5/3 5/8 6/10		午饭	5/8	4/8	5/9
星期二	4/9			4/4 5/5		4/8		4/10 5/8　6/8
星期三	6/8	4/2 5/1		4/8			4/3 5/10	4/6
星期四	4/1 5/8	5/7	4/8	6/8				
星期五	5/2 6/6	4/8		4/7 6/7		5/4	6/8	5/8 6/9

注:

4/1 - 4/10 = 高中一年级一班到十班。

5/1 - 5/10 = 高中二年级一班到十班。

6/6 - 6/10 = 高中三年级六班到十班。

3.汉语教材及教具

截止到2011年,程逸中学使用的教材是《创智汉语》系列(第一册和第二册),不过现在只有《创智汉语》第一册和第二册,为文科汉语与英语班使用。这套汉语教材是由中国国家汉语国际推广领导小组办公室和泰国教育部委托云南师范大学编写,专供泰国中学生使用的一套综合性汉语教材,是中泰两国汉语教师共同编写的。除了文科汉语与英语班之外,其他班级使用的教材是由任课的汉语教师安排,有汉办推出的《快乐汉语》,还有任景文的《汉语入门》教材。教师把这些教材的内容复印出来,给学生授课。这三种书,话题内容差不多,难度不同,教材内容多为一些日常生活用语,每课包括语音、生词、句型、语法、扩展和练习几大部分。

4.汉语师资

程逸中学2009年才开设汉语教学,第一年只有高中一年级八班的文科汉语班，所以只有一位汉语教师。2010年，学校有四位汉语教师。其中两位为来自中国的男老师，他们在泰国已经生活四年多了，已经对泰国学生非常了解。另外两位是泰籍教师，原是泰国纳烈宣大学汉语专业毕业生。2011年在泰国程逸中学有四位汉语教师，都是女性。其中三位教师是泰籍的，她们都是同一个大学汉语专业毕业的，另一位教师是中国人，她是泰国程逸皇家大学人文学院泰语系毕业的。

程逸学校师资具体情况见表5-5。

表5-5 程逸中学汉语师资情况

年	教师	年龄	国籍	学位	毕业的专业	汉语教学经验
2009年	一位	22	泰国	学士	汉语专业	-
2010年	第一位	29	中国	学士	-	2年以上
	第二位	22	中国	学士	商务英语	1年以内
	第三位	24	泰国	学士	汉语专业	1年以内
	第四位	23	泰国	学士	汉语专业	1年以内
2011年	第一位	26	中国	学士	泰语专业	2年以上
	第二位	24	泰国	学士	汉语专业	1年以上
	第三位	22	泰国	学士	汉语专业	1年以内
	第四位	22	泰国	学士	汉语专业	-

5.学习者

在程逸中学学习汉语的学生，大部分是本地人，表5-6是目前程逸学校的各年级的学生构成情况。这所学校已经开设汉语教学课程三年了，在2009年汉语教学只有一个班，2010年和2011年全校都开设了汉语课，每个学生都要学汉语，所以学汉语的学生人数增加了很多

表5-6 程逸中学学生人数

年级	教学班	学生合计		
		男生	女生	合计
初中一年级	10	392	4	396
初中二年级	10	444	-	444
初中三年级	10	441	-	442

续表

年级	教学班	学生合计		
		男生	女生	合计
初中学生合计	30	1 277	4	1 281
高中一年级	10	308	71	379
高中二年级	10	315	100	415
高中三年级	10	289	136	425
高中学生合计	30	912	307	1 219
初中高中学生合计	60	2 189	311	2 500

二、泰国中学生对汉语教学感知的调查

(一)研究设计和调查过程

本部分主要采用问卷调查方式开展研究,主要是针对中学生展开。问卷选择的调查对象是2011年泰国程逸中学学习汉语的中学生,同时对该校现有的4名汉语课教师辅以访谈调查。该校从2009年开设汉语课程,当年只开设了一个汉语教学试验班,之后全校都开设了汉语课;到2011年,除去高三年级1—5班的学生不学习汉语,其余每个学生都要选修或必修汉语;其中高一到高三的第8班学生是将汉语作为高考外语选考科目的,课时为每周4节;其余班级是将汉语作为第二外语选修课,每周1个课时。全校学生共计2 500人,汉语学习者为2 280人。

调查问卷共31题,内容分6个方面:学生的基本情况、学生对学习汉语的态度、学生汉语学习情况、学生对老师的态度、学生对教学形式的态度、学生对教材的评价等。考虑到部分学生学习汉语时间较短,问卷有泰文翻译。调查时间为2011年8月,从初一到高三对每个年级发出调查问卷60份(高三1—5班除外),全校共发出问卷360份,收回360份,回收率100%。

(二)调查结果分析

1. 样本基本情况

从性别上看,360名被调查学生中有309名是男学生,有51名是女学生,这与该学校本身的性别特点有关，这所学校男学生远多于女生，因为这所学校本来是男校，只有在高中部有女学生，近几年才在初中部招收女生。从年级上看，涉及初一到高三的所有年级，初一到高二年级抽样量占本年级学习汉语学生总数的比例均在13%~15%，高三年级占比为28.2%，样本的具体情况如表5-7所示：

表5-7 调查样本基本情况

问题	选择项	选择人数	比例
1.性别	男	309	85.83%
	女	51	14.17%
2.年级	初中一年级	60	15.2%
	初中二年级	60	13.5%
	初中三年级	60	13.6%
	高中一年级	60	15.8%
	高中二年级	60	14.5%
	高中三年级	60	28.2%
3.汉语课程是你的必修课还是选修课？	必修课	36	10%
	选修课	324	90%
4.你学习汉语已经多长时间了？	1年之内	72	20%
	1~2年	187	51.94%
	2~3年	94	26.11%
	3年之上	7	1.94%

注：有5个班级不学习汉语。

从课程性质看，调查样本中汉语为必修课的占到10%，有90%的被调查学生是以汉语作为第二外语选修课的。这些样本中有51.94%的学生已经学过了汉语1~2年，26.11%的学生学过了2~3年，还有20%的学生学过了1年之内，只有1.94%的学生学过了3年之上。从学生的汉语学习经验来看，由于在程逸府开设汉语课程的学校不多，而且在中小学阶段进行汉语教学的历史也不长，大部分学生是在程逸中学才开始学汉语，但是泰国程逸中学自身开设汉语教学的历史只有三年而已，所以学生的汉语学习经历比较有限。

2.感知分析

（1）学生对汉语学习难点的感知。

从调查结果（表5-8）来看，觉得学习汉语非常难和比较难的学生占到了65.27%，因为汉语不是他们的母语，同时他们都习惯了英语作为第二语言，在汉字书写、拼音学习的时候出现了很多问题，所以他们觉得学汉语是比较难的。在学习汉语过程中，有56.66%学生觉得汉字是最难学的，这与一般外国人汉语学习中的实际困难是相吻合的，大多数都觉得汉字难学难写，本文的调查对象很多学生是短期学习汉语者，汉语学习经验很有限，学生的识字量也很少，记得的汉字较少。在语音、词汇、语法等语言要素学习中，更多地认为词汇难学（21.38%），而在本应很难的语音、语法部分反而不觉得十分困难，认为语音难的仅有9.21%的学生，认为语法难的也只有1.59%的学生。事实上在对4名教师的访谈中，有3人认为教学中语法最难、1人认为语音最难。在听说读写等语言技能学习上，有42.22%学生觉得自己汉语技能最差的是"写"，而在"听""说"技能上仅有10.27%的学生回答掌握得差，有33.61%学生都觉得他们最好的汉语技能就是听力，表5-8是具体的数据统计。

表5-8　学生对汉语学习难点的感知

问题	调查对象回答结果的分布			
你觉得学习汉语难吗?	非常难	比较难	不太难	很容易
构成	16.66%	48.61%	29.72%	5%
你觉得学习汉语最难的是什么?	语音	词汇	语法	汉字
构成	8.055%	21.38%	1.388%	56.66%
你觉得自己的哪项汉语技能最好?	听	说	读	写
构成	33.61%	23.33%	25.27%	17.77%
你觉得自己哪项汉语技能最差?	听	说	读	写
构成	10.27%	21.66%	25.83%	42.22%

（2）学生对老师教学的看法。

根据表5-9统计结果，可以看到大多数学生对目前的老师和课堂语言都是满意的，89.44%的同学反映喜欢自己的汉语老师。在课堂教学中，老师使用泰语和汉语来教学，采用多媒体等教学形式，让学生容易了解和掌握课文的内容，考试时他们也能取得比较好的成绩。虽然有的老师是中国人，但是他会说泰语，已经了解了不少泰国人的文化，同时汉语教师队伍年龄年轻（目前平均年龄为23.5岁），教学形式和课堂语言形式能够贴近学生的实际，所以在上课的时候学生的满意程度是较高的。这一点在"你觉得汉语课哪个方面还不足"的回答中得到体现，学生对于教师数量和教师能力方面都给予了较高评价，两项均列于其他方面之后。

程逸中学2009年才开设汉语教学，第一年只有高中一年级八班的文科汉语班，只有一位汉语教师；2010年有四位汉语教师，两位为来自中国的男老师，他们在泰国已经生活四年多了，已经对泰国学生非常了解，另外两位是泰籍教师，原是泰国纳烈宣大学汉语专业毕业生。

表5-9 学生对老师教学的看法

问题	调查对象回答结果的分布			
你对老师目前的教学效果满意吗？	满意	基本满意	不太满意	不满意
构成	43.33%	48.88%	6.38%	1.38%
你喜欢自己现在的汉语老师吗？	很喜欢	比较喜欢	不太喜欢	不喜欢
构成	43.61%	45.83%	8.61%	1.94%
喜欢老师现在的课堂教学形式吗？	很喜欢	比较喜欢	不太喜欢	不喜欢
构成	39.44%	51.11%	7.22%	2.5%
对老师目前的课堂语言满意吗？	满意	基本满意	不太满意	不满意
构成	38.05%	52.77%	7.77%	1.38%
希望老师多用那种语言教学	汉语	泰语	汉泰	英泰
构成	4.16%	7.77%	73.88%	14.16%

2011年在泰国程逸中学有四位汉语教师，都是女性。其中三位教师是泰籍的，她们都是同一个大学汉语专业毕业的，另一位教师是中国人，她是泰国程逸皇家大学人文学院泰语系毕业的。通过对4名汉语教师的调查访谈，有3人对从事汉语教学的动机是出自个人兴趣、1人是出自父母的意见；他们都比较喜欢教授汉语，均觉得教授汉语这门课程有意义；其中有一半受过专门的汉语教学培训；教授汉语的经济待遇情况良好（有1人认为很好、2人认为比较好、1人认为一般），这些情况有助于激发汉语教师们积极投身教学工作，也有助于提升学生对教学的满意度。

（3）学生对教学形式的看法。

就学生对课堂教学形式的看法这一项调查结果来说，表5-10的结果分析显示，学生比较喜欢课堂上"听说多一些"（40.55%），也喜欢在游戏中学习汉语（32.22%），不太喜欢阅读和做练习。这可能是因为学生觉得自己的听力技能是最好的。还有一个原因就是学生普遍认为能够听说、可以用外语跟外国人交流是第二语言学习的重要目标，因此更重视听说技能的训练。同时，学生认为在课堂教学过程中做游戏性活动让他们学得快乐、学得轻松，因而学生很希望老师能经常在课堂上做一些活动的比例占54.72%。关于目前课堂教学中的不足，学生反映最大的是活动不足，其次是教具不足（在这方面4名教师均表示有强烈的同感），再次是课时不足，对于教师方面的不足则排在最后面。

绝大多数同学都意识到"多参加汉语活动对自己的汉语学习有帮助"，对此持赞同态度的达到89.71%。在实际学习中除了课堂教学活动，有46.66%的学生"比较喜欢参加课外的一些汉语活动或比赛"，因为他们认为敢于用汉语跟老师交流，更多的使用汉语进行交际会让他们学好汉语；与此同时也有30.27%的同学反映不太喜欢参加课外汉语活动或比赛，这与汉语难学习以及汉语的重视程度有关。因此，绝大多数学生（66.94%）在课外没有参加汉语补习班，有1/4的学生参加很少的汉语补习活动，仅有7.5%的学生经常参加汉语补习班。

表5-10　学生对教学形式态度的调查结果

问题	调查对象回答结果的分布				
你喜欢什么样的汉语课堂教学形式？	听说多一些	多读	多做练习	经常做活动（游戏）	少做活动（游戏）

问题	调查对象回答结果的分布				
构成	40.55%	8.05%	9.72%	32.22%	9.44%
你觉得汉语课哪个方面还不足？（可以多选）	教师数量	教师能力	课时	活动	教具
构成	26.11%	23.88%	31.11%	43.61%	39.16%
喜欢参加课外的一些汉语活动或比赛吗？	很喜欢	比较喜欢	不太喜欢	不喜欢	
构成	13.88%	46.66%	30.27%	9.16%	
你觉得多参加汉语活动对自己的汉语学习有帮助吗？	很有帮助	有点儿帮助	不太有帮助	没有帮助	
构成	40.27%	49.44%	6.11%	4.166%	
希望老师能经常在课堂上做一些活动吗？	很希望	不太希望	不希望	无所谓	
构成	54.72%	32.22%	3.61%	9.44%	
除了课堂学习汉语，课外有参加汉语补习班吗？	有，经常	有，但是很少	没有		
构成	7.5%	25.55%	66.94%		

（4）学生对汉语课程大纲的看法。

对课时安排来说，占61.38%学生觉得一个星期学汉语应该有1~2节课，20%的学生赞成2~3节课，4.72%的学生赞成3~4节课，13.88%的学生赞成4~5节课。因为大部分的调查对象是汉语作为第二外语的选修课的学生，所以对学生的学习效果没有很大的影响，在考大学的时候也不用考汉语，所以多数学生认为一个星期有1~2节课的课时安排是很合理的。

泰国教育部学术和教育标准办公室制定的外语教学课程设置办法对中小学外语教学笼统设定了一些标准，就是在各校把第二外语（汉语）设置为选修课。在目前程逸中学的汉语课程大纲中，必修课设立在选择汉语作为高考外语选考科目的高中班，重点是高中的三个班（三个年级的八班），一个星期共有4节课，这部分学生人数在学习汉语学生中不到10%；选修设立在以汉语为第二外语选修课的初中和高中，一个星期共1节课，除了高中三年级一班至五班的学生之外，其他班级都要选择汉语作为第二外语选修课，这部分学生人数在学习汉语学生中超过90%。从目前调查情况来看，学生汉语课时设计总体偏少，有31.11%的学生和75%的教师都觉得课时不足，在现有情况下可适当增加课时。

（5）学生对教材评价。

程逸中学使用的教材主要有三种：从教师访谈中可知，每个教师在教学过程中都使用过《创智汉语》教材，另外辅助有《快乐汉语》《汉语入门》。

调查结果表明，绝大多数学生都喜欢现在使用的汉语用书（81.38%）。从内容上看，91.38%的学生觉得现在用书的内容正好，不多也不少；可从难度上看，大部分学生觉得内容偏难（71.66%）。在有关汉语书注释部分用什么语言问题上，有67.77%的学生还希望汉语书注释部分用汉泰两种语言，仅不到10%的学生希望完全用汉语注释或者完全用泰语注释。参见表5-11。

表5-11　学生对教材评价的调查结果

问题	调查对象回答结果的分布			
喜欢现在用的汉语书吗？	很喜欢	比较喜欢	不太喜欢	不喜欢
构成	25.27%	56.11%	13.05%	5.55%
你觉得现在用的书内容多还是少？	太多	正好	太少	
构成	11.66%	79.72%	8.61%	
你觉得现在用的书内容难不难？	很难	有点儿难	不太难	很容易
构成	12.22%	59.44%	24.72%	3.61%
希望汉语书注释部分用什么语言？	汉语	泰语	汉泰	汉英
构成	7.77%	9.16%	67.77%	15.27%

3.态度分析

学生对汉语学习态度的结果如表5-12所示。调查中发现有89.16%的学生父母赞同他们学汉语，仅有极少数家长不赞同（1.38%）。在学习汉语课的原因中，虽然绝大多数学生（97.5%）遵从学校的教学计划安排而学，但是我们也发现泰国中学生对汉语学习的好感也出自其他一些动因。随着中国经济实力的增强，越来越多的泰国人意识到，学好中文将来找好工作时能有一份保证，持这一观点的学生占到调查样本的1/3以上。还有一个原因是中国风景秀丽、历史悠久、文化底蕴深厚，同时中国和泰国友好关系不断深入发展，因此有28.05%学生学习汉语的动机是因为自己喜欢汉语，对中国感兴趣，还有占26.66%的学生想去中国旅行或上学。

从学生的调查结果来看，喜欢汉语的学生占了大多数（78.6%），因为他们觉得学习汉语对他们的未来有帮助，有的学生觉得教师教汉语的时候让他们很开心，仅有14.72%学生觉得没有感觉，不管有没有汉语课他们都没有意见。同时78.6%的学生觉得学习汉语是比较有意思的一门语言，学习汉语的过程是很快乐的，教师讲课的时候也容易理解。虽然许多学生感到汉语学习很困难，但是通过汉语课的开设，绝大多数学生还是感觉到自己汉语水平有所进步（88.3%）；在学习汉语的信心调查中，占54.44%学生对自己学好汉语表示有信心。这些构成了泰国中学开展汉语课教学的优势和基础，泰国中学生对汉语课学习普遍持有好感。

表5-12 学生对学习汉语态度的调查结果

问题	调查对象回答结果的分布					
为什么选择学习汉语？（可以多选）	自己喜欢汉语	父母希望自己学	为了以后好找工作	想去中国	学校安排	其他
构成	28.05%	18.88%	33.33%	26.66%	97.5%	14.72%
父母对你学习汉语的态度如何？	非常赞同	基本赞同	不赞同	无所谓		
构成	29.44%	59.72%	1.38%	9.44%		
你喜欢汉语吗？	很喜欢	比较喜欢	不喜欢	没感觉		
构成	25.55%	53.05%	6.66%	14.72%		

问题	调查对象回答结果的分布					
你觉得学习汉语有意思吗？	很有意思	比较有意思	一般	很枯燥		
构成	30.83%	47.77%	17.5%	3.88%		
你觉得自己的汉语水平在进步吗？	进步很大	有进步	没有什么进步	越来越差		
构成	17.22%	71.11%	7.77%	1.11%		
对自己学好汉语有信心吗？	很有信心	比较有信心	一般	没有信心		
构成	13.33%	41.11%	35.27%	10.27%		

三、泰国程逸中学汉语教学的问题

程逸中学的汉语教学正在发展，但也存在不少问题，具体表现如下：

（一）汉语教学大纲及课程设置的问题

1.没有明确教学大纲

泰国教育部至今还没有规定统一的汉语教学大纲，因此各个学校要自己制订大纲、安排课程、制订教学评估标准，导致各学校的汉语教学水平参差不齐。虽然教育部学术和教育标准办公室制订了外语教学课程设置办法，对中小学外语教学笼统设定了一些标准，但那主要是以英语为目标语来制定的，而作为第二外语的汉语在各校设置的学时是不能和英语相比的。大部分学校汉语学时少之又少，显然无法适用于该标准。此外，由于没有教学大纲，汉语教学没有明确的学科定位，这些学校仅将汉语作为学生额外的技能、素质拓展课来开设，重视程度和支持力度均不够，汉语教学处于无序的状态。程逸中学也有如上的问题，因此汉语教学效果不尽如人意。

2.教学课时严重不足

从调查结果可以看出，该校汉语教学有43.61%的学生和75%的教师都觉得课时不足，对汉语作为第二外语的选修课班来说一周只有一节课，上课时间太短很容易让学生忘记所学知识，可是忘了只能再学，如此反复。这样的情况也让3.88%学生觉得学习汉语很枯燥。

（二）汉语师资方面的问题

1.教师数量不够

通过调查结果来看，有23.88%学生觉得教师数量不够。这所学校学习汉语的学生比较多，共有2 288名学生，但是只有4位汉语教师，因而教师不能满足学生的需求。汉语教师的课时非常多，一周共有22~24课时，工作量太大也对汉语教学有影响。

2.教师能力与教学经验不足

泰国程逸中学到2011年已开设了三年汉语课程，却只有四位汉语教师。在调查结果中有23.88%的学生觉得教师的能力不足。每位教师能力不同，比如新毕业教师的知识面不广，今年有两位教师是刚刚毕业的学生，还没有教学经验，所以"您对自己教好汉语有信心吗"对这个问题，这两位教师觉得"一般"。还有教师大部分在本科一年级才开始学习汉语，他们都没有去过中国，总的来说他们的汉语水平还有待提高。有的教师甚至跟笔者坦言，说她发现不少教师的汉语发音并不标准，中国文化方面的知识比较薄弱，例如不会中国书法、没有去过中国读书、没有考过HSK，学生接触中国书法知识的机会非常少。中国教师虽然汉语使用能力较强，但缺乏理论知识。学校自聘的中国教师大部分到泰国留过学，毕业后在泰国应聘任教，所以基本上对泰国社会、文化、交通、饮食等方面都比较适应，此类教师的泰语能力比较强，在教学中起到很大作用，但中国教师不是师范专业的毕业生，教学技巧方面还有待提高，不能让学生对汉语教学产生兴趣，所以给外国人上汉语课有些困难。汉语教师必须找到适合自己的，独特的教学技巧与方法。

3.教师队伍不稳定

泰国程逸中学的汉语教师每年都有变化，因此，除了汉语与英语科的汉语必修班外，无论哪个年级，如果来了新教师，对学生基础不了解，每年的汉语教学都要从头开始，也就是每个班或每年级都是零起点班。这样的情况，使得泰国程逸中学的汉语教育普遍缺乏连续性和系统性。

(三)教材方面的问题

《创智汉语》这套教材是泰国教育部推荐并免费赠送给学校的，使用时间不长，目前仍属于试用阶段。总之，程逸中学汉语教学虽然快速发展，但其教材还存在多方面的问题。如：

1.教材不成系统

因为汉语课在有些班级是选修课，没有规定教材，学生的学习材料是教师自编的。从调查结果我们可以看到，占39.16%学生和25%教师觉得教材不足，教师将《快乐汉语》或《汉语入门》的部分内容复印出来做讲义，这样的情况使学生很难整理学习内容。

2.教材不适合学生水平

调查发现在程逸中学的汉语作为第二外语选修课程中，每个班级都用同样的教材，比如：初中一年级和高中二年级都用《快乐汉语》的内容来教学，但初中一年级他们的汉语水平是零起点的，没有学过汉语的经历，但高中二年级他们都学过一年汉语，由于教材缺乏，教师选用教材范围有限，从而造成了教学内容存在不适合学生水平的情况。59.44%学生觉得现在使用的教材内容很难，不太适合学生当前的年级和水平。

(四)学习者方面的问题

这所学校是男校，所以大多学生都是男学生。学生受个性特点、学习动机、语言能力、认知水平和对汉语的态度、信心以及泰国社会、文化等各种因素影响。

另外，再加上自然班每班40多人，学生汉语水平参差不齐，因此给教师的教学工作带来了一定的挑战。97.5%的学生叙述之所以学汉语是因为学校安排的课程，自己没有选择的余地，一看别的学生学，自己就跟着学，但不知为何学，因此没有汉语学习的兴趣。在泰国程逸中学调研发现，有不少学生经常迟到、旷课、不认真听课、作业不完成、考试成绩很差等现象。当这些问题问及其他几位汉语教师时，她们也有同感。

四、泰国程逸中学汉语教学的发展对策

(一)改进课程设置

通过考察其他开设汉语课程的中学，发现程逸中学里的汉语课程设置有很大的缺陷，不利于汉语教学的有效开展。程逸中学的汉语课程实行的是一年制。因此，除了以汉语为高考语言类考试科目的汉语必修班外，无论哪个年级，每年或每学期的汉语教学都要从头开始，也就是说，每个班每年或每学期都是零起点班。这样的选修课程设置，使得泰国程逸中学的汉语教育普遍缺乏连续性和系统性。再加上汉语学习的课时量很少，学生所学的内容少，缺乏必要的练习时间，汉语教学效果可想而知。所以必须要改进课程设置，使课程具有连贯性、系统性，可以考虑初中三年、高中三年分别设置零起点、初级、中级的汉语选修课程体系，并配套相应的教材。

(二)提升师资水平,稳定教师队伍

泰国程逸中学学生虽然对学习汉语持肯定态度，但多是由于学校教学的安排不得不学。每个班的学生有三四十人，人数较多，学生又调皮贪玩，所以老师讲课的方法十分重要。方法得当，就能够很好地引发学生学习中文的兴趣，进而学生的汉语水平才能提高。方法不得当，则会使原本对中文感兴趣的学生也失去了兴趣，从而放弃学习汉语。

程逸中学严重缺乏从事汉语教学的教师，现有教师队伍中又有不少人，或者没有教授汉语的经历，或者自身存在某些方面的不足（比如：对汉语知识的欠缺，本人的汉语语音有缺陷，不懂外语教学法等）。建议对程逸中学的汉语师资展开培训，提升教学能力。另外，要建立一支稳定的汉语教师队伍，尽快改变教师队伍不稳定的情况。

(三)选编有针对性的教材

1.丰富教学材料

现有的教师自编教材是从《快乐汉语》等学习材料中摘录复印出来的，这样的材料对学生来说很难整理，不系统，对汉语教学效果有影响，所以学校应该保证充足的教学资源，使每个学生都有自己的汉语教材或学习材料。

2.教材要适合泰国中学生的学习目标和目的

学校中汉语作为选修课的学生，汉语水平大多为零起点，汉语学习的目标在于能简单地运用汉语进行交际，掌握汉语拼音知识和汉字的书写规律；而选择汉语作为高考外语选考科目的高中班学生一般都有了一定的汉语基础，但水平参差不齐。选择汉语作为高考外语选考科目的高中班的兴趣较强，学习兴趣高，动机明确，对提高汉语水平的期望值很高。所以，对这两类学生应该编写，选用不同的教材。对不同年级、具有不同知识层次基础的学员应该使用不同的教材。即使是初中、高中也不应使用同一种教材。组织泰中两国教授各个级别、各种年龄段学习汉语和泰语经验的专家们共同编写才是有效的解决之道。

3.教材要适合学生的年龄特点

泰国程逸中学为6年制，初中和高中各3年，学生年龄在12~18岁，教材内容的组织一定要符合这一年龄特点的语言学习规律和语言教学规律；教材内容的安排要由易到难、由浅入深地进行；对有关知识的介绍要简练、清晰，让学生容易掌握；练习的设计和编排要实用、有趣、生动；生词的数量与重现率、语法点的顺序与分布、文化项目的注解以及功能项目的操练等，都要符合中学生的学习特点和规律。

第六章 对外汉语初级阶段汉字教材分析

——以《体验汉字·入门篇》为例

汉字教材通常体现汉字教学理念，汉字教材编写和建设水平的高低直接影响到课堂教学效果的好坏。对汉字教材进行分析，总结教材在使用中的问题，才能进一步提高汉字教材编写水平，提高汉字课堂教学效果。再者，近几十年来对外汉语事业的蓬勃发展带动了相关教材大量出版，教材的体系建设越来越受到研究者的重视，而现阶段的对外汉字教材编写研究还比较薄弱，对选用新型教学理念编写的汉字独立教材研究更是非常少见。因此，对以新型教学理念编写的初级阶段汉字独立教材的分析就显得十分有必要。

传统汉字教材，基本可以分为：以汉字的音形义为主要教学内容的"字本位"教材；以词语的学习进程安排教学的"词本位"教材。而且各教材之间选择的教学内容与编排形式出入很大。和传统教材相比，本部分所选教材《体验汉字·入门篇》基于新型体验式教学理念，属于中国国家汉办规划教材"体验"系列，经常被海外教学选用。另外，这本教材刚刚投入市场，应用于教学第一线，正在接受课堂教学的检验。教师和学生对教材内容的编排是否满意，新型教学理念和传统汉字教材的区别在哪，教材有什么优点和缺点，以后将怎样修订，这些问题都值得我们去深入研究。所以，我们选择《体验汉字·入门篇》作为对外汉语初级阶段汉字教材的个案研究，对其汉字教学内容的编排、生字总量、等级分布、汉字的总复现率等方面进行统计研究，找出教材的优点和不足，最后提出初级阶段对外汉字教材编写的思考，以期对初级阶段对外汉字教材的编写有所裨益。

一、对外汉字教材研究现状

(一)对外汉字教材编写的理论研究

学界从不同角度讨论了不同层面教材编写的问题，总结了汉字教材编写需要处理的重大问题，构架起汉字教材编写自身的理论体系。

刘珣在20世纪90年代形成了"结构—功能—文化"三结合的教材编写理念①。任远认为以语言结构为主线，吸取功能法的长处，是目前较为切实可行的编写方法②。肖奚强从汉字教学的重要性角度提出了要编写相对独立的对外汉字教材，考虑另设相对独立的汉字课，认为教材应该把教授汉字知识与培养学生实际书写能力结合起来③。张静贤分析了各种综合类教材中的汉字教学的内容，并从字量的确定、字种的选择、编写的原则和方法、教材的结构内容等方面阐述对编写汉字教材的看法④。李大遂从汉字教学发展过程、汉字教材的出版、汉字教学法等方面对对外汉字教学研究领域中的持续热点问题进行了总结⑤。

卢小宁、柳燕梅、李香平提出并讨论汉字教材编写的基本原则⑥⑦⑧。总体上来看，针对性、实用性、有理性、趣味性、符合学习者水平这五条原则已经成为汉字教材编写者的共识。

赵金铭提出汉语教材编写应建立科学系统的评估体系⑨。设计了"对外汉语教材评估一览表"，评估表的项目包括前期准备、教学理论、学习理论、语言材料、练习编排、注释解说、教材配套及其他共8个方面的内容。在每个

①刘珣.新一代对外汉语教材的展望——再谈汉语教材的编写原则[J].世界汉语教学，1994(1):59.

②任远.新一代基础汉语教材编写理论与编写实践[J].语言教学与研究，1995(2).

③肖奚强.汉字教学及其教材编写问题[J].世界汉语教学，1994(6):63-66.

④张静贤.关于编写对外汉字教材的思考[J].语言教学与研究，1998(2):139-147.

⑤李大遂.对外汉字教学回顾与展望[J].渤海大学学报(哲学社会科学版)，2007(2):58-62.

⑥卢小宁.关于对外汉语汉字教材的思考[J].天津外国语学院学报，2001(2):73-76.

⑦柳燕梅.从识记因素谈汉字教材的编写原则[J].汉语学习，2002(5):63-67.

⑧李香平.留学生高级班汉字课汉字知识教学与教材编写研究[J].语言教学与研究，2008(4):41-46.

⑨赵金铭.论对外汉语教材评估[J].语言教学与研究，1998(3):4-19.

部分下面又分列了具体的评价指标，共55项，每项指标都有具体的分值，不同部分有不同的权重。根据最后相加总分所处的分数区间来判断一部教材的优劣与否。李泉认为该评估表设计缜密、标准明确、针对性突出、可操作性强，是目前对外汉语界惟一完备的对外汉语教材评估指标体系[1]。姜安对目前通行的对外汉字教材进行对比分析，通过一系列的研究初步设计出对外汉字初级教材的评价指标[2]。林敏尝试建立以学习者为评估者的对外汉语教材评估模式[3]，文章探讨的核心问题是由学习者作为对外汉语教材评估者的必要性以及如何进行以学习者为评估者的对外汉语教材评估。

(二)对外汉字教材中汉字教学内容的研究

王瑞烽通过分析13部比较有影响力的教材，讨论基础阶段汉字教学科学合理的方式并提出汉字教材的编写原则[4]。易嵘选取了最近几年在国内出版的比较有影响的7部汉字教材进行对比分析，着重分析了这些教材中汉字教学的内容，包括汉字和汉字知识的教授方式、汉字练习的设计等，提出了对外汉字教材编写的不足和建议[5]。另外，还有针对生字复现率或汉字练习设置等具体教学内容的分析论文。

郝美玲、刘友谊在《留学生教材汉字复现率的实验研究》中考察了构词数和语素类型不同的汉字在教材中的复现情况对汉字学习效果的影响，并建议在留学生汉语教材的编写中，对不同类型的汉字应采用不同的复现方式[6]。刘婷在《初级阶段对外汉字教材练习设置与编排研究》中以初级阶段的留学生作为研究对象，探讨了汉字教材在编排中的现状、问题等，同时通过对比不同的习题分析了初级阶段汉字教材应遵循的原则[7]。李潇潇在《对外汉语教材汉字复现率及相关研究》中选取两套对外汉语初级阶段的典型教材，对两

①李泉.近二十年对外汉语教材编写和研究基本情况述评[J].语言文字应用,2002(3).

②姜安.对外汉字初级教材评价研究[D].北京:北京语言大学,2007:1-63.

③林敏.以学习者为评估者的对外汉语教材评估模式研究[D].上海:华东师范大学,2006:1-67.

④王瑞烽.对外汉字教学研究[D].北京:北京语言大学,2002:1-30.

⑤易嵘.对外汉语教学中的汉字教材研究[D].西安:陕西师范大学,2007:1-41.

⑥郝美玲,刘友谊.留学生教材汉字复现率的实验研究[J].语言文字应用,2007(2):126.

⑦刘婷.初级阶段对外汉字教材练习设置与编排研究[D].上海:华东师范大学,2009:1-55.

套教材的汉字复现率情况从多个角度进行统计分析,掌握其生字总量,等级分布、汉字的总复现率、平均复现率以及不同板块的汉字复现率整体情况,并对汉字的复现分布情况也做了全面考察①。

(三)对汉字教材的个案研究

对外汉字教材可以分为依附型汉字教材和独立型汉字教材。近年来,针对汉字教材的个案研究逐渐多了起来。李平对初级阶段随文识字类教材《汉语阅读教程》进行个案研究②,分别从汉字教学内容的编排、所教生字的情况、汉字练习项目的编排3个方面进行研究,分析教材编排的合理之处及不足之处,从而提出初级阶段对外汉字教材编写的相关思考。施莎在《基于〈基础汉语40课〉(上)的对外汉字教材探索与设计》中以生字为基本素材进行汉字教材的设计,依据理想的汉字教材结构,从汉字的组织与编排、汉字知识点的选取与编排、汉字练习设计等方面进行汉字教材的编写与设计。同时编写出汉字教材第一课以作实例说明③。

(四)对外汉字教与学的研究

现阶段对外汉字教学方法可分为以下6种:

1."认写分流"的汉字教学方法

江新将初级汉语留学生分成两组,采用实验的方法比较"认写分流、多认少写"和"认写同步要求"两种汉字教学方法的效果。结果显示,"认写分流、多认少写"组的识字、写字效果均好于"认写同步要求"组④。

2.语素汉字教学方法

郝美玲发现语素意识对留学生的汉字学习成绩具有独特的预测作用。教师在教学中应培养学生的语素意识,以达到扩大词汇量、提高阅读理解能力和口头表达能力的目的⑤。

---

①李潇潇.对外汉语教材汉字复现率及相关研究[D].上海:华东师范大学,2011:1-101.

②李平.对外汉语初级阶段随文识字类汉字教材的个案研究[D].合肥:安徽大学,2010:1-74.

③施莎.基于《基础汉语40课》(上)的对外汉字教材探索与设计[D].上海:华东师范大学,2011:1-139.

④江新."认写分流、多认少写"汉字教学方法的实验研究[J].世界汉语教学,2007(2):91.

⑤郝美玲,张伟.语素意识在留学生汉字学习中的作用[J].汉语学习,2006(1):60.

3.字族理论识字法

陈曦对汉字教学中一些重点问题进行梳理，并讨论汉字教学方法，最后根据汉字"字族理论"提出一种新的识字方法。作者根据汉字中同义、同音、近音、同形、近形的特点，将音、形、义有密切关联的汉字统称"字族"。利用此教学法，可以明字理，便于记忆[①]。

4.部件汉字教学法

张旺熹分析了汉字的特点及留学生的汉字错误，提出汉字部件结构的教学原则和方法。指出掌握118个基本部件和4类19种结构类型，就会为汉字学习打下一定的基础。具体的部件教学方法有利用六书理论、汉字相生关系、形近部件辨析，结构教学方法有字图同出、析字画图、由图归字[②]。

5.偏旁汉字教学法

万业馨指出利用声旁进行对外汉字教学，具体分析声旁字与相应形声字的语音关系以及常用程度。可先教常用且字形较简单的声旁，对常用程度不如形声字的声旁字，可先教形声字，再分析归纳[③]。

6.文化、字理汉字教学法

张德鑫提出不管是雅文化还是俗文化，只要不悖于汉字特点及构成的常理，不偏离中国文化背景，不产生曲解误导，都可以借鉴到对外汉字教学中[④]。

(五)针对非汉字圈学生的汉字研究

江新等对初级阶段外国留学生的汉字学习策略进行分析，发现非汉字圈留学生采用字形、复习策略较多。所以，鼓励学生采取更加积极有效的学习策略去完成语言学习任务[⑤]。尤浩杰通过实验得出结论，即非汉字文化圈学生对高频汉字的加工经历笔画和整字两个层次，对低频汉字的加工经历笔画、

---

①陈曦.关于汉字教学法研究的思考与探索[J].汉语学习,2001(3):70-75

②张旺熹.从汉字部件到汉字结构——谈对外汉字教学[J].世界汉语教学,1990(2):112-120.

③万业馨.略论形声字声旁与对外汉字教学[J].世界汉语教学,2000(1):62-69.

④张德鑫.关于汉字文化研究与汉字教学的几点思考[J].世界汉语教学,1999(1):87.

⑤江新,赵果.初级阶段外国留学生汉字学习策略的调查研究[J].语言教学与研究,2001(4):10-17.

部件和整字3个层次；横向结构是学习者最难掌握的一种结构类型；最后提出非汉字文化圈学习者汉字学习分阶段的假设①。

其他研究领域还包括汉字声旁、形旁意识与形声字习得之间的关系，留学生正字法意识与汉字习得之间的关系②，汉字的出现频率，构词数与汉字习得之间的关系③④。

二、研究的范围与方法

（一）对教材的介绍

《体验汉语·入门篇》由高等教育出版社编辑出版，2009年6月第1版，属于国家汉办规划教材"体验"系列，也是高教社自主商标品牌。高教社已与一些国家的相关部门达成意向，未来这本教材将在世界各国陆续出版。

教材针对的对象是非汉字文化圈的汉语初学者，教材可作为国内外汉语专修或选修中文课教材。教材可用于独立设课的汉字课课堂教学，或配合其他课型使用，也可供学习者自学使用。通过本教材，学习者将掌握汉字的基本笔画和常用偏旁，学写414个常用汉字，认读由这些汉字构成的800个常用词语。教材的内容结构包括5个项目，分别是："学习目标""汉字知识""书写模块""认读模块""综合模块"。"书写模块"是教材的教学重点，该模块包括"学写笔画/学写偏旁""学写汉字""书写练习"3个部分。教材中的练习较多，类型丰富。本教材基于体验式教学和任务型教学相结合的教学理念，善于发挥学生的主观能动性，是一本突出教学实效性的国际型汉语教材。本教材是典型的"文""语"分离的教材，认写分流降低学习的难度。遵循汉字造字规律，由易到难地教给学生汉字的笔画、笔顺、部件，使他们了解这些在汉字构成中的重要性，让学生在入门阶段掌握汉字认写有别于表音文字的特点。本教材按汉字偏旁、部件归类识字，将相同偏旁或部件的字分

①尤浩杰.笔画数、部件数和拓扑结构类型对非汉字文化圈学习者汉字掌握的影响[J].世界汉语教学,2003(2):72.

②江新.不同母语背景的外国学生汉字知音和知义之间关系的研究[J].语言教学与研究,2003(6):51-57.

③江新.汉字频率和构词数对非汉字圈学生汉字学习的影响[J].心理学报,2006(4):489-496.

④赵果.初级阶段欧美留学生识字量与字的构词数[J].语言文字应用,2003(3):106-112.

成一组，由此编排不同的单元。

（二）对教材评估指标体系的介绍

教材评估的定义，从哲学意义上看，评价活动是一种特殊的认识活动，是对客观事物的价值的一种观念性的认定。林敏总结教材评价的实质为通过特定的方法和途径对教材的有效性、可靠性、可行性和使用效果进行分析，并通过一定的方式对分析结果加以综合概括，得出对教材的价值的总体认识，即是对教材的总体评价①。这个标准或原则是得到大多数人认可的科学的标准，而不是根据某个人的观点制定的标准。有了客观评估的标准，也就有了把握教材编写方向的指南。我们暂且根据赵金铭设计的"对外汉语教材评估一览表"为教材评估指标体系②，结合学界对教材研究的焦点，结合所选教材的特点，分析教材的主要项目，即从总体上把握教材《体验汉语·入门篇》在知识点的选取、编排、生字总量、等级分布、复现率所处的科学水平。其他评估点暂且不做分析。

（三）对教材学习理念的介绍

林思宁提出体验式学习就是通过精心设计的活动让人们体验或者对过去进行再体验，引导体验者审视自己的体验，积累积极正面的体验经验，使心智得到改善与建设的一种学习方式③。体验式学习的最大特点在于学习者可以通过参与活动，获得亲身体验的感受，再借以与同伴的分享与交流，达到提高自身能力的目的。刘珣曾经提到要总结已有的教材编写理论和实践，充分考虑世界第二语言教学的发展趋向，并汲取其他第二语言教材的成果④。近几年来，体验式学习、任务型语言教学等新的教学法逐步在对外汉语教学教材领域得到应用。赵金铭提到已经有人开始对汉语教学的活动化和任务化进行研究和实验，设计课堂交际活动和任务来帮助学生学习语言和交际，并按照这样的方式编写以交际任务项目为中心的教材。该教材的创新之处在于教材基于体验式教学与任务型教学相结合的教学理念，从学生的认知水平出发，

---

①林敏.以学习者为评估者的对外汉语教材评估模式研究[D].上海：华东师范大学，2006：3-4.

②赵金铭.论对外汉语教材评估[J].语言教学与研究，1998（3）：16-18.

③林思宁.体验式学习：献给教育培训者的最佳礼物[M].北京：北京大学出版社，2006.

④刘珣.新一代对外汉语教材的展望——再谈汉语教材的编写原则[J].世界汉语教学，1994（1）：58.

意在探索找出更有利于学生汉字学习的新方法，给初级阶段对外汉字教材的编写研究注入新鲜血液。

该教材的责任编辑在接受电话采访中说："我们不能要求也无法做到教材必须以某一种语言理论、语言教学理论、语言学习理论为编写理论，但会以某一种理论为主，并吸收其他理论的合理成分，综合众家之长，形成教材编写理论。"

通过对这本教材的分析研究，我们可以发现，该教材主要以体验式教学、任务型教学理念为基础，但还吸收偏旁汉字教学法、部件教学法、句型操练等其他教学理论的学习理念。

（四）研究的方法

在研究中，我们采用文献资料法、描写与分析结合的方法、比较法。首先，搜集相关文献资料并整理。然后，对《体验汉字·入门篇》中的汉字知识点及汉字练习项目进行细致的描写与分析。接着，采用比较的方法将《入门篇》《提高篇》与《汉语水平词汇与汉字等级大纲》（修订本，简称"大纲"）中汉字等级大纲进行对照，得出各级字的输入情况及所占比重。最后，采用数据库方法，建立由教材的生字、教材的练习构成的数据库，在每个字后标注该字的等级、字频位次、在教材中出现的课数、在生字词中重现的次数、在练习中重现的次数。研究所依据的基本标准和参考工具主要是《大纲》和《汉字使用频率表》。

三、《体验汉字·入门篇》汉字教学内容

（一）《体验汉字·入门篇》汉字知识点的编排

1.笔画

（1）《体验汉字·入门篇》中汉字笔画内容的编排。

笔画是构成汉字的线条，也就是写字的时候从起笔到收笔所写出来的线条，是组成现代汉字字形的最小单位。我国汉字研究和教育界专家对现代汉字笔画的分类、数量、名称等概念还不统一。《体验汉字·入门篇》主要参照的是张静贤《现代汉字教程》中的观点，把笔画分为基本笔形和派生笔形（《体验汉字·入门篇》中称笔形为笔画）。

《体验汉字·入门篇》中把笔画分为基本笔画和复合笔画，基本笔画包括

6种，分别是：横一（例字：一）、竖丨（例字：十）、撇丿（例字：千）、捺
乁（例字：八）、点丶（例字：六）、提乀（例字：习）。复合笔画介绍了16
种，分别是以横起笔的6个复合笔形，横折（例字：口）、横撇（例字：
又）、横钩（例字：买）、横折钩（例字：习）、横折斜钩（例字：飞）、横折
弯钩（例字：几）；以竖起笔的6个复合笔形，竖折（例字：山）、竖弯（例
字：四）、竖提（例字：长）、竖钩（例字：小）、竖弯钩（例字：儿）、竖折
折钩（例字：马）；以撇起笔的2个复合笔形，撇折（例字：车），撇点（例
字：女）；2个特殊钩笔，斜钩（例字：我），卧钩（例字：心）。

　　教材没有提及笔画的变形，但作为补充在学写汉字时会提到每个字的书
写要点。例如：七，第一笔的"乀"不要写成水平的，要稍向右上方倾斜。
在笔画名称上不统一，教材称复合笔画，张静贤称派生笔画，其他各家名称
也不一样。

　　笔画的走势说明：教材对所有笔画都注释了英文和俄文的笔向说明，并
用箭头符号表示从上到下，从左到右的笔向。这样可以使留学生较快掌握笔
画的写法，简单明确，容易理解，便于学生掌握。教材没有对书法的美观性
提出要求，这符合对留学生的书写要求。

　　笔画的组合方式：在书写要点中根据不同字的不同情况提出。例如：
见，注意，下面的"丿"与"乚"相接，不要相离。

　　笔画的数量：教材没有讲解笔画数量多少对学习汉字的影响，但在综合
练习中有一种题型，即给下列汉字加上两笔，组成新汉字。这个题型可以让
留学生认识到写汉字多一笔，少一笔有本质上的区别，笔画数量不同，会形
成不同的汉字。例如：力——办、为、历。需要注意的是，教材在这个题型
的编写上还要考虑答案是否会增加新的生字，如果利用之前教材学到的汉字
来讲解，既可以说明问题，又不会增加学习负担，如果答案涉及新生字，将
不利于完整清晰的说明知识点。

　　笔画的长短：教材在针对每个字的书写要点时提出笔画长短有不同。例
如：生，三个横不一样长，中间的稍短。土，第二个横稍长于第一个横。另
外还涉及笔画变形的问题，教材中没有明确提到笔画变形造成的差别，所以
在书写要点中会经常提到。

　　笔画的形状及位置：教材没有专门讲解，只是在综合练习中有这种题
型。选字组词，选择括号中正确的汉字与所给的汉字组成一个词语。例如：
（a工/b土）作，明（a大/b天）。这个题型让学生注意了笔画形状不同造成的

差别或不同笔画位置不同造成的差别。

（2）汉字笔画内容编排的优缺点。

郭圣林提出笔画是汉字的基本书写单位，掌握笔画的正确写法是汉字学习的首要任务[①]。对留学生而言，应该首先给他们树立一个观念，即掌握笔画是解决汉字难学、难认、难写的关键。在教材中应该介绍基本笔形，适当介绍派生笔形。

教材中汉字笔画知识编排合理全面，但笔画的教学还可利用多媒体动态软件，教材在这方面比较欠缺。

2.笔顺

（1）《体验汉字·入门篇》中汉字笔顺内容的编排。

笔顺是指书写楷体字时各笔画的先后顺序。另外，笔顺还包括笔向和笔序两方面内容。笔向是指书写某个笔画时它的起止顺序，例如：写"一（横）"时"一"的左起右止。笔序是指笔画数目相同的汉字排序时，按照当前笔基本笔形来规定的顺序。笔序主要用于排序、检字，与写字活动关系不大。笔顺有7条基本规则。掌握合理的笔顺规则，体现了人们写字时对笔画的最佳安排，有助于把字写对，写美观以及快速书写。

笔顺的展示：教材对"学写笔画/偏旁""学写汉字"模块中的笔画、偏旁、汉字配有清晰且完整的田字格笔顺展示。利用田字格来演示笔顺有利于学生的模仿，有利于说明汉字的结构位置，有利于培养学生的汉字书写能力。

笔顺的图示：教材在第一课介绍了笔顺的7种基本规则，包括先上后下、先左后右、先横后竖、先撇后捺、先外后里、先外后里再封口、先中间后两边。配有英文俄文注释，例字。实际书写情况不能绝对的按照以上规则，所以教材给出写每个汉字的书写要点。例如：学习"上"字，"应先写一竖，再写上面的短横，最后写下面一长横"。

（2）汉字笔顺内容编排的优缺点。

对于留学生而言，现有的汉字笔顺规则不够明确，留学生需要一个适应其知觉方式并且概括精度和概括深度恰当的笔顺规则。易洪川等提出针对留学生的笔顺原则，包含断连、合首、相交、竖、点、包，这6条细则囊括了笔顺的基本规则以及补充细则的内容，符合留学生学习汉字笔顺的认知结构和兴趣点。在教学中，笔顺内容贯穿整个汉字教学始终，需要教师进行大量

---

①郭圣林.汉字的笔画特点与外国学生汉字笔画偏误[J].暨南大学华文学院学报,2008（4）:68.

的操练。笔顺的教学可以分为动态展示和静态展示两种，除了教材的静态展示，还可以利用动态笔顺软件，给学生直观的印象。

显而易见的是，教材重视笔顺教学，将笔顺的教学内容贯穿在每个生字教学过程中，不仅介绍了解性汉字笔顺知识，还针对每个字给出书写要点。书写要点是针对个别汉字在汉字知识中不宜用规则说明白的又极易出错的书写关键点。教材有针对性地给出书写要点可以更好地帮助教师处理教学中发现的问题，可以帮助学生更好地理解知识和自学。这一点优于其他教材。

但教材针对笔顺的练习较单一，教学方式也较传统，没有利用多媒体软件。

3.偏旁

（1）《体验汉字·入门篇》中汉字偏旁内容的编排。

①偏旁的编选。

偏旁是指在汉字形体中常常出现的某些组成部分。偏旁是在汉字构成的过程中随着合体字的产生而产生的。90%以上的汉字是合体字，合体字的偏旁分为表义偏旁、表音偏旁、表意兼表音的偏旁。表义偏旁表示字的含义；表音偏旁表示字的读音。

教材从第5课到第15课，共学习了69个有理据的偏旁。它们分别是：女口日目月刂讠讠冫亻彳纟钅礻衤犭阝刂 女子土王木禾火又足口父八人田日夕艹宀宀竹攵西穴耂龹龹 雨灬心目巾厂广尸户疒衤勹是走辶乏匚凵门门口。教材利用偏旁归类识字法将生字归类。每个偏旁配有名称、拼音、中英俄文说明、常用的结构位置、笔顺展示和同步练习。教材选择的偏旁理据性强，构字率高，分类合理，适合学生学习。

例如：第5课"女"（女字旁，由"女"组成的汉字大都与女性有关。一般多位于左右结构汉字的左边。生字：她、姓、妈、好、姐、妹、奶、如），"口"（口字旁，由"口"组成的汉字一般与嘴或嘴的动作有关。一般多位于左右结构汉字的左边，但是也出现在一小部分汉字的右边。生字：如、叫、听、吃、吗、呢、吧、咱、哪、唱、喝、知）。

②偏旁的归纳。

教材中介绍的偏旁多是表义偏旁，还有少部分只作为构字成分的偏旁，例如："门"同字框、"学"学字头、"党"常字头、"扌"在字旁（在教材编写说明中提到学字头、常字头、在字旁是本教材编者自创的名称）。教材只介绍了一个表音偏旁："门"门字旁。

教材第12、13课介绍了解性知识——关于形近偏旁的区分。例如：彳与
亻，冫与氵，衤与礻。形近偏旁的区分有利于学生辨别形近字和汉字的识记。

③偏旁与部件的区别。

教材注意区分偏旁与部件的概念。偏旁是对会意字、形声字中表意和表
音成分的分析；而部件是对现代汉字内部结构系统分析的结果，部件可以表
意、表音，也可以不表意、不表音。初级阶段汉字教材应区分两个概念的不
同内涵，而后再将两个概念结合起来。

④偏旁与结构的关系。

教材在介绍偏旁时，还给出常用的结构位置和具体写法，即某偏旁通常
作为什么结构出现，写偏旁时，要注意偏上一点、偏下一点、偏左一点、偏
右一点等具体间架结构。

（2）汉字偏旁内容编排的优缺点。

在对外汉字教学中非常注重表义偏旁的介绍，而忽略对表音偏旁的介
绍。留学生常常会遇到"见字不知音"的困境。

本教材的优点在于利用表义偏旁归类识字法将生字归类。每个偏旁配有
常用的结构位置，将偏旁和结构知识结合起来学习。教材选择的偏旁理据性
强，构字率高，分类合理，十分适合学生学习。

教材缺少对表音偏旁的介绍，介绍的69个偏旁中只有一个是表音偏旁。
万业馨提出在对外汉字教学中，常常忽视对形声字声旁所用音符的重视，有
关偏旁部件的教学也多出于书写和释义的需要，再加上声旁表音的情况十分
复杂，使学生很难对汉字的全貌有总体的了解和把握[①]。近些年来，学界逐渐
认识到形声字教学的重要性，相关研究逐渐增多。从教材编写的角度来讲，
应加强表音偏旁的介绍。

4.部件

（1）《体验汉字·入门篇》中汉字部件内容的编排。

部件，又称字根或字元，是构成合体字的最小笔画结构单位，其下限必
须大于基本笔画，上限小于复合偏旁。从功能上看，部件并不一定具有音、
义；从存在形式看，它是一个独立的书写单位，不管笔画多么复杂，凡是笔
画串连在一起的，都作为一个部件看待。部件还可分为成字部件和非成字部
件、基础部件和合成部件、单笔画部件和多笔画部件。傅永和利用计算机对
《辞海》（1979年版）收入的11 834个规范汉字进行自动分析统计，得出构字

---

①万业馨.略论形声字声旁与对外汉字教学[J].世界汉语教学,2000(1):62.

部件648个[①]。

教材第6课介绍汉字的部件知识，把汉字的部件分为成字部件和不成字部件。从第5课到第15课，教材都把每个汉字拆分成多个基础部件。将部件教学渗透到每一个汉字之中，在练习中巩固性练习也较多。

（2）汉字部件内容编排的优缺点。

在对外汉字教学中，部件汉字教学法是很多专家学者关注的热点，近年来，在这些方面也取得了一些成绩。汉字部件的切分要依据现代汉字自身的特点，并考虑学生在使用汉字时的心理因素。崔永华根据心理学和现代汉字学的研究认为，以部件为识记汉字的记忆单位，则记忆单位的数量在合理限度内。因此，教材中汉字部件的内容应考虑到学生学习的因素[②]。

教材注重部件教学是这本教材的独到之处，也是多数传统教材无法实现的，体现了本教材方法论的创新。邓小琴提出偏旁、部首是汉字的构字部件，改变非汉字圈学生对汉字的图画摹写误区的关键，是部件概念的输入[③]。部件是汉字的重要组成单位，掌握了部件也就掌握了解决汉字认写的一把利器。由此可见，教材的部件教学可以大大提高汉字教学的效率。

5.结构和整字

（1）《体验汉字·入门篇》中汉字结构内容的编排。

施正宇给出结构的定义：部件组成汉字的形式叫结构，且汉字的结构是连笔成字的框架形式[④]。现代汉字还可分为独体字与合体字。独体字指形体构造具有独立性，通常不能拆分为两个或两个以上的意义完整的字符或部件的字。合体字是由两个或两个以上的部件组成的字。汉字的结构模式较多，但由于分析的角度、数量、方法的不同，得出的分类结果也不一样。常见的有上下结构、左右结构、半包围、全包围结构等。李蓬勃根据《汉字信息字典》对7 785个正字所做的统计，左右结构占64.93%，上下结构占21.17%，包围结构占9.18%，嵌套（框架）结构占0.63%。得出汉字的构件部位有着很强的系统性、左右结构是最主要的组合方式的结论[⑤]。

---

①傅永和.汉字的部件[J].语文建设,1991(12):5.

②崔永华.汉字部件和对外汉字教学[J].语言文字应用,1997(3):50-51.

③邓小琴.汉字教学设计的"可教性假设"研究——以《体验汉语》系列教材为例[J].社会科学论坛,2010(23):62.

④施正宇.现代汉字的几何性质及其在汉字教学中的意义[J].语言文字应用,1998(4):63.

⑤李蓬勃.汉字偏旁部位系统的形成与完善[J].语文建设,1997(1):27.

独体字：在第2课"汉字知识"中讲了独体字及其结构，独体字的书写方法。第4课介绍了记忆独体字的方法。前4课共教独体字91个，符合张静贤提出的利用注音识字、字源识字等方法，教100个左右构字率较高的独体字，为以后集中识字做好准备的观点[①]。根据《大纲》，这91个独体字中有76个属于甲级字且使用频率较高。

合体字和结构：教材在第5、10、11、15课"汉字知识"中介绍了汉字的基本结构。配有注释、结构图式、例字。第5课介绍了合体字的概念及合体字中的左右结构。第10课介绍了合体字中的上下结构。第11课教会学生如何根据结构关系记忆汉字。第15课介绍了合体字中的半包围结构、全包围结构、特殊结构。教材对合体字概念介绍很少，对合体字结构的分类比较笼统，把左中右结构划分到左右结构，把上中下结构划分到上下结构。和笔顺、部件的讲解一样，教材把结构的意识体现在每一个生字上。

（2）汉字结构和整字内容编排的优缺点。

关于汉字结构方式的确定，施正宇给出应遵循的四个原则：①确定字量，即对对外汉语教学中出现的高频字进行统计。②有理切分，即依造字理据对能够体现造字意图的字进行逐级切分。③无理切分，即依组合频率对不能体现造字意图的字进行平面切分。④确定结构顺序，即依部件与笔画的书写顺序确定结构顺序[②]。

本教材在前4课共介绍独体字91个。对合体字结构的分类比较笼统，但和笔顺、部件的讲解一样，教材把结构的意识体现在每一个生字上，每个生字都有田字格结构划分展示。

6.字词关系

汉字教学经常会与词汇教学结合，利用汉语词汇构成的特点，将字放在词语里，将词语放在句子里习得汉字，以这样的方式习得汉字有助于汉字教学对字义的讲解，扩大学生的词汇量。现阶段在国内出版的大量初级阶段汉字教材中，尤其是"随文识字"类教材都是以词为单位学习汉字。需要注意的是，由于课型的限制，教材中的字词关系应该为汉字教学服务，汉字教学举例应尽量选择与汉字本义相关的词语。

教材中字词关系的内容与学习生字同时进行，由字组成词，由词组成词

---

①张静贤.关于编写对外汉字教材的思考[J].语言教学与研究,1998(2):145.

②施正宇.现代汉字的几何性质及其在汉字教学中的意义[J].语言文字应用,1998(4):63.

组，由词组组成句子。教材会给出词语的英文和俄文解释。例如：十—十一，三十二；生—学生，一个学生；法—语法，法国；土—土豆；木—木门。可以看出，这本教材给出的词或词组符合学生当时的认知程度，大部分词或词组是留学生第一时间能想到的或经常用到的，体现出教材选词的实用性。

换一个角度看，教材选词突出实用性的同时不太注重解释字的本义。遇到多义词有其他义项的情况时，教材举例使用的义项往往不是词语的主义项。例如：苦—刻苦，辛苦。苦的本意是表示味道，苦味，可引申为有耐心地，尽力地，刻苦。教材讲解"苦"字的例词是苦的引申义，不是本义。当然，这样举例并不影响学生的汉字学习效果，只是以教学本质内容而言，应以汉字本体为主。

本教材的编写说明中提到教材将汉字教学与词汇教学结合在一起，突出汉语词汇构成的特点，并将词语放在句子中进行书写和识读，做到笔画不离字、字不离词、词不离句。笔者认为，这样编排确实有利于语言的实际运用。除此之外，汉字教材的例词选择应尽量选择与汉字本义相关的词语，以体现汉字自身的特点。

7.查字典

查字典可以培养留学生自主学习语言的能力。查字典的方法通常有三种：一是拼音查字法，按照字母的排列顺序查检。二是部首查字法。三是数笔画查字法。如果知道汉字的读音，可以用第一种方法，如果不知道汉字的读音，就要依靠另外两种查字典的方法。所以，我们要教会留学生至少掌握两种以上的汉字查字典的方法。因此，查字典应该是对外汉字教学的重要内容。

教材中第一次提到查字典是在第5课的课后作业中：打字练习。下列词语都是由学过的字组成的，你知道它们的意思吗？如果不知道，请你先查字典，记住它们的意思，然后在电脑上打出下列词语。但是，教材没有教授学生具体该怎么查字典，需要教师在教学中补充这项知识。可见，教材对查字典的内容没有体现，也不够重视。

8.六书

"六书"是指古人通过对汉字形体分析而总结出来的有关汉字构成的六种类型。许慎《说文解字·叙》对六书做出了具体的解说。现在的文字学家根据文字产生的顺序和文字发展的顺序，采用班固的次序和许慎的名称，即象形、指事、会意、形声、转注、假借。

　　教材在第6、7课以了解性知识介绍了如何根据汉字造字法记忆汉字，并给出象形、指事、会意、形声的简单定义，列举例字。本教材没有在接下来的学写汉字和练习中体现六书的相关内容。但是教材并不等同于真实的教学，教材中出现的大量形声字，还需要教师在学习中根据教学的需要，适当补充六书内容。

　　对留学生而言，了解汉字形体构成的原理不仅仅是让学生了解中国的汉字文化，更多的是为了辅助教学，让学生更好地学习汉字。例如：在学写汉字的初期，可以利用象形字的形体较简单的特点，表述这个字的形状，可以让学生更加容易明白字的含义。在学生了解形声字之后，在教学中，可以引导学生猜出字的字义和读音。例如：看到"想"字有"心"字旁，就知道和心理活动相关；看到"吗、码、妈、骂"有"马"字旁，就很容易掌握这些字的读音；知道"雀"是会意字，下面表示鸟的"隹"，上面是"小"，意思是小鸟，写字时就不会把上面的"小"少写一点。让学生的汉字学习尽量找到一点规律，找到一点乐趣。

　　9.小结

　　《体验汉字·入门篇》中的汉字知识点（包括笔画、笔顺与书写规则、结构、六书、偏旁、部件、查字典、字词关系、汉字的记忆方法等）在各课的编排设计见表6-1。

表6-1 汉字知识点在教材中的分布情况

汉字知识点	在教材中的分布	知识点内容
笔画	第1、2、3、4课	第1、2课学习汉字的6个基本笔形。 第3课学习以横起笔的6个复合笔形。 第4课学习以竖起笔的6个复合笔形；以撇起笔的2个复合笔；2个特殊钩笔。
笔顺与书写规则	每课都有	笔向，笔顺的七种基本规则。

续表

汉字知识点	在教材中的分布	知识点内容
结构（包括独体字与合体字）	第2、4、5、10、11、15课	第2课学习了独体字及其结构，书写方法。 第4课学习了记忆独体字的方法。 第5课学习了合体字的左右结构关系以及左右结构汉字的书写方法。 第10课学习了合体字的上下结构关系以及上下结构汉字的书写方法。 第11课学习了根据结构关系记忆汉字。 第15课学习了包围结构及特殊结构。
六书	第6、7课	第6课介绍了根据造字法记忆汉字——象形造字法，指事造字法。 第7课介绍了根据造字法记忆汉字——会意造字法，形声造字法。
偏旁	第5课之后	学习了69个偏旁。
部件	第5课之后	第6课介绍了汉字的部件知识，从第5课到第15课将每个汉字都拆分成部件来学习。
部件与偏旁的关系	第8、9课	第8课学习了由独体字演变出的部件以及根据部件记忆合体字的方法。 第9课学习了从独体字笔画变形而来的部件。
查字典	第5课之后	教材没有教授查字典，但是在练习中开始给出新词语，要求学生先查字典。这就要求教师教授查字典的方法。
字词关系	每课都有	由字组词，词组，句子。

（二）《体验汉字·入门篇》汉字练习项目的编排

该教材共有15课，除"学习目标""汉字知识"外，在"书写模块""认读模块""综合模块"3个模块中配备有相应的同步练习。其中，"书写模块"

是教材的教学重点，该模块包括"学写笔画/学写偏旁""学写汉字"，"书写练习"3个部分。按模块归纳本教材中的所有练习，按练习的题型、考察知识点、发展的技能、分布情况的顺序列出。

1. 书写模块

我们对教材每课的书写模块练习做了统计，结果如表6-2所示。

表6-2　书写模块练习统计表

题型	考查知识点	发展的技能	分布情况
1.笔画仿写	笔画、笔顺	会写	第1、3、4课
2.笔画名称与笔画连线	笔画	会认	第1、3、4课
3.老师说出笔画名称，同学用手指徒手在空中写出相应的笔画	笔画	会写	第1、3、4课
4.数下面每个汉字有几个笔画	笔画、笔顺	会认	第1、3、4课
5.笔顺仿写	笔画、笔顺	会写	第1课
6.按照正确的笔顺写出汉字的第一个笔画/按照正确的笔顺写出汉字的第二笔	笔顺	会认、会写	第1、3、4课
7.偏旁仿写	笔画、笔顺	会写	第5—15课
8.汉字仿写	笔画、笔顺、字形	会写	每课
9.按照笔画数，将笔画数相同的汉字写在相应的线上	笔画	会认、会写	第1—4课
10.看拼音，写词语（给出解释）	字音、字词	会写	第1—4课

题型	考查知识点	发展的技能	分布情况
11.看拼音，写词语（只给拼音，不给英文，俄文解释）	字音、字词	会写	第5—11、13—15课
12.写出汉字是由哪两个部分组成的	部件	会认、会写	第5、7课
13.给下列汉字加上一个偏旁，组成一个左右结构的新汉字/组成一个上下结构的新汉字/组成一个包围结构的新汉字	偏旁、结构、字形	会认、会写	第5—8、10、12、13课
14.下边每组有四个汉字，请根据字形挑选出与其他三个不同的一个汉字	偏旁、结构	会认	第6、8、10、13课
15.给下边的部件加上不同的偏旁，组成不同的汉字	部件、偏旁、字形	会认、会写	第9课
16.给下列部件加上一个偏旁，组成一个上下结构的汉字	部件、偏旁、结构、字形	会写、会认	第11课
17.给下列的部件加上不同的偏旁，组成不同的汉字，试试看你可以组多少个汉字	部件、偏旁、字形	会写，会用	第12课
18.用A栏中的偏旁与B栏中的部件组成汉字，填写在下面的田字格中	部件、偏旁、字形	会认、会写、会用	第9、14、15课
19.填字组词	字义、字形	会用	第11课
20.看看下列各组汉字结构上有什么特点；然后将所给的二十个汉字归类	结构、字形	会用	第14、15课

书写模块的练习随教学内容的变化，安排了不同针对性的练习，基本上都是强化汉字基础知识点的基础训练。练习由易到难，题型由简到繁。要求学生发展的技能由基本的会认、会写到会用。题型变换多样，即学即练，避

免枯燥无趣。教材一个题型只考察单一知识点的情况比较少，大部分题型都综合考察汉字的各个知识点，让学生能够互相交叉的识记。教材注重考查字的音形义，注重偏旁，部件的构字问题。有些题型使用频率较高，是为了进一步加深和强化学生对字的音形义的识记与辨认。教材特别强调了汉字的书写能力的发展。

2.认读模块

认读模块通过双人互助式练习完成认读的训练，认读包括字词、句子和短文，使学习者掌握汉字的音、形、义，体现了汉字音形义结合的特点，认读模块一共有7种练习方式，具体情况见表6-3。

表6-3 认读模块练习统计表

题型	考查知识点	发展的技能	分布情况
1.认读词语：两人一组，一个人（A）读序号为单数号1，3，5，7，…，15的词语，另一个人（B）读双数号2，4，6，8，…，14的词语	字词	认读	每课
2.画线连接。请把左边的词语与右边对应的拼音连起来	字词、字音	认读	第1—4课
3.认读下列句子	字词、句子	认读	第3—15课
4.认读下列短文	字词、句子、篇章	认读	第5—11、13课
5.读一读，认一认（这是一张中国地图，你可以认读出来多少个地名，并且给它们标上拼音）	字词、拼音、识图、中国国情知识	认读	第12课
6.读一读，记一记（你知道这些中国建筑的名字吗）	字词、中国国情知识	认读	第14课
7.读一读，看一看（这是周明一天的活动，请你读一读）	字词、句子	认读	第15课

第1题所要认读的词语，都是学写汉字模块中学过的字词。在这里又一

次集中训练，训练的重点是以词为目的的认读，这个题型可以帮助学生识记汉字，扩充词汇量，为将来的句子，篇章学习打下基础。

第3题在第3课才出现，句子都是学生之前学过的词或词组，利用组句的形式进行复现，是一个非常好的复习的机会。另外，也做到了编写说明中提到的笔画不离字、字不离词、词不离句的编写特点，突出了汉语语汇构成的特点。

第4题在第5课开始出现，短文大概60字以内，由判断句、有字句等简单的句式组成，涉及的题材有同学介绍、中国地理知识介绍、日常生活知识介绍、中国饮食文化介绍、中国旅游文化介绍、简单事件描述。随着教学的深入，教材适当提升了学习者运用汉字的能力，将汉字学习与实际运用有机地结合在一起，也增添了教材的趣味性。

最后三项活动式练习形式在让学生认读的同时，增加介绍中国国情知识的机会。题型设计形式新颖，内容有趣。

3.综合模块

该模块包括读写结合的"综合练习"和"课后作业"两个部分。综合练习的情况如表6-4所示。

表6-4 综合练习统计表

题型	考查知识点	发展的技能	分布情况
1.按照笔画的名称写出相应的笔画/请用拼音写出下列笔画的名称	笔画、拼音	会写	第1—4课
2.按照正确笔顺写出下列汉字的第二笔	笔顺	会认、会写	第1、2课
3.看拼音填词语。把下列词语填写在对应的拼音后边	拼音，字词	会写	第1—4课
4.选字组词，选择括号中正确的汉字与所给的汉字组成一个词语（区别形近字）	字形	会认	第2、5、7、12课
5.给下列汉字加上一笔，组成新汉字/给下列汉字加上两笔，组成新汉字	字形	会认、会写	第3、4课

题型	考查知识点	发展的技能	分布情况
6.请你用今天学过的字（包括写和认的）组词，写在下面的表格里。写完后与同伴交流一下，看看谁写得又多又好；然后互相学习，把自己没写出来的汉字补充进来/请写出你知道的带有下列偏旁的汉字。写完后与同伴交流一下，看看谁写得又多又好；然后互相学习，把自己没写出来的汉字补充进来	字形、字词	会写、会用	第3—12、14、15课
7.请按照名称写出相应的偏旁	偏旁	会写	第5—15课
8.按拼音组词成句	字音、字形、字义、句子	会写、会用	第5—15课
9.填字组词	字词	会写、会用	第6、9、14课
10.下列每组有四个词语，其中一个词语里边有错别字，请你挑出这个词语	字形、字义	会认	第8课
11.用每个汉字组两个词语	字义、字形	会写、会用	第10、11课
12.给下边的部件加上不同的偏旁，组成不同的汉字	偏旁、部件、字形	会写、会用	第13课
13.画线将左边的汉字与右边的汉字连起来组成一个词	字词、字义	会认	第15课

综合练习的编排还是为了强化学生对笔画、偏旁、部件、汉字的识记和辨认的能力。每课的综合练习有4道题（只有第13课是3道题）。各个题型全面强化了每课的学习重点，练习形式比较丰富新颖，和以往的汉字教材相比，确实有趣，容易引起学习者的学习兴趣，课堂教学将会使汉字学习变得轻松起来。但是，每节课课后的练习题量较多，如果都要完成，需要大量的课时或者需要学习者付出大量课外的时间来完成练习，按照书中建议每周3~4

课时，时间很不充裕。

第3题看拼音填词语，是第1—4课的练习，第1、2课的词语都是教材生字的例词，但第3、4课的词语出现了教材之前没出现过的"新词"，另外，还出现词组。这些词组是教材中学过的字或词的重组，例如：又走了，再来，中文书，自己买，一下儿，太长了。"走"是第2课学的字，"又"是第3课学的字，教材组词"又走了"是一种以旧带新似的复现，是让学生学会构词的方法。再如："自己""买什么""买东西"都是第3课的字词，"自己买"就是以这3个词重组的。这种的联系方式，可以帮助学生学会运用，体现了教材的实用性。

第6题属于课后复习，用回忆的方法让学生自己检测自己的学习效果，如果教师能够很好地引导，将有助于学生对知识的再次归纳。

第8题按拼音组词成句，综合考察学生对字的音形义与连词成句的运用能力。

课后作业分为打字练习和街头汉字，这两个部分非常贴近日常实用汉语，较好地体现了实效性，将汉字学习有效地融入现实生活中，提高学习者实际应用汉字的能力。打字练习是利用电脑来完成的，这将汉字学习有效地融入现实生活中去。街头汉字部分会给出一些图片，题材涉及很广，关系到日常生活中的方方面面，这也是一个让留学生了解中国国情的窗口，既实用又有意思，具体情况见表6-5。

表6-5 课后作业练习统计表

题型	考查知识点	发展的技能	分布情况
1.打字练习，在电脑上打出下列词语	字词、词组、句子	会用	第1—4课
2.街头汉字，读一读，记一记	字音、形、义	会认	第1—15课
3.打字练习，下列词语都是由学过的字组成的，你知道它们的意思吗？如果不知道，请你先查词典，记住它们的意思，然后在电脑上打出下列词语	字词、词组、句子、查字典	会用	第5—15课

4.小结

本部分对《体验汉字·入门篇》中汉字知识点的输入进行了全面而细致

的描写。《体验汉字·入门篇》中汉字教学内容包括汉字知识点和汉字练习项目。

《体验汉字·入门篇》中的汉字知识点包括笔画、笔顺、书写规则、结构、偏旁、部件、结构整字、字词关系、查字（词）典、六书等方面。《体验汉字·入门篇》对汉字知识点做了基本的介绍。学习了6种基本笔形，16种复合笔形，共教独体字91个。教材对笔画的介绍比较合理，有运笔方向、例字，形象直观。对笔顺的介绍配有清晰且完整的田字格笔顺展示，形式较传统，练习较单一。对书写规则的介绍比较详尽。对每个字都有书写要点的建议，这一点优于其他教材。对汉字基本结构的介绍比较笼统。字词关系安排较合理。教材利用偏旁归类识字法将生字归类，把汉字分解成多个部件输入，是本教材优于其他教材重要特点，体现了本教材方法论的创新。另外，练习中涉及查词典的介绍，但没有具体讲解，教材只将六书知识作为了解性知识简单介绍。总体来说，教材对汉字知识点的编排比较全面。

《体验汉字·入门篇》中有关汉字方面的练习编排设计有3个模块，分别是书写模块、认读模块、综合模块。鼓励学习者直接接触和体验所学内容。3个模块共有40种题型，练习从整体上遵循了两条脉络：一条是遵循从笔画、偏旁、部件到整字的脉络，在练习中注重偏旁，部件的构字问题；另一条脉络是遵循由字到词，由词到句，由句到篇章逐级上升的脉络，在练习中注重考查字的音形义，注重考查连词成句甚至篇章的理解。各项练习设计新颖有趣，注重实用，但题量很大。《体验汉字·入门篇》中形声字、多音字、多义字等汉字知识的体现很少。

在教材设计上有一点不足的是，教材每课的学习内容很多，大概每课要学习28个汉字，还要进行大量的练习。教材中没有细致分出具体每个课时应该学多少字，具体字的练习，而都是先学完全部生字，再进行练习。如果将一课书的教学内容平均分成三至四课时，具体每课时要学的字和练习明确地分列出来，那么，教师和学生使用起来会更加方便。

四、生字情况统计与分析

（一）生字分布情况及分析

本教材的生字教学情况是：在左侧展示要教写的生字，标注汉语拼音、部件、英语和俄语解释，右侧给出对应的词组，展示每个汉字的笔画数、笔顺、书写要点。生字后面有仿写练习、书写练习。每课后还有综合练习，例如：读词语、分笔画、看拼音写汉字、读句子等，对生字进行复习巩固。

1. 生字分布情况

《入门篇》生字在教材中的分布情况如表6-6所示：

表6-6 《体验汉字·入门篇》生字分布情况

课次	一	二	三	四	五	六	七	八	九	十	十一	十二	十三	十四	十五
字数	15	25	25	26	30	30	30	30	30	30	30	30	30	28	25
	一	工	口	山	她	认	汉	忙	孩	台	京	老	历	包	区
	二	干	中	出	姓	识	没	快	孙	告	市	者	厅	句	医
	三	土	日	了	妈	说	江	怕	地	员	高	考	原	题	巨
	十	王	白	子	好	话	河	性	块	只	写	学	床	匙	画
	上	牛	百	手	姐	词	汁	情	城	爸	安	觉	麻	起	同
	千	厂	目	小	妹	课	汽	银	场	爷	字	常	店	越	网
	午	广	自	水	奶	语	油	钱	坏	分	它	堂	应	赶	内
	生	大	五	长	如	谁	法	钟	现	公	完	掌	座	趣	肉
	八	太	里	四	叫	记	洗	袜	玩	介	定	雪	庆	超	问
	人	开	又	七	听	请	酒	裤	球	今	家	零	度	这	闻
	个	关	买	儿	吃	们	喝	裙	班	会	室	点	席	边	阅
	天	木	门	也	吗	你	海	礼	林	全	宫	热	康	还	闹
	下	本	月	北	呢	他	清	视	杯	舍	宿	照	庭	过	国
	六	不	刀	电	吧	什	冰	祝	机	食	客	然	庙	进	园
	习	文	力	见	咱	体	冷	狗	校	男	容	您	府	近	回
		少	办	已	哪	作	凉	猪	样	累	宜	息	夏	远	因
		来	万	己	唱	住	次	阳	极	星	寄	怎	层	送	图
		走	方	马	喝	位	很	院	村	是	空	忘	屋	迎	困
		业	书	车	知	件	行	那	和	最	穿	想	局	适	哥
		火	再	东	明	信	住	都	种	名	笔	意	居	通	坐
		斤	雨	去	时	但	得	邮	秋	多	答	思	房	道	乘
		年	飞	么	昨	便	街	别	灯	岁	第	急	病	迷	品
		头	气	女	晚	做	饭	到	烧	草	感	疼	遍	众	

续表

课次	一	二	三	四	五	六	七	八	九	十	十一	十二	十三	十四	十五
字数	15	25	25	26	30	30	30	30	30	30	30	30	30	28	25
		卡	几	我	眼	俄	饿	刻	对	花	东	愿	左	退	森
		共	九	心	朋	打	饱	剧	双	茶	各	看	右	连	间
				西	肚	找	红	刮	难	药	条	着	有	选	
					胖	报	给	教	跑	菜	务	省	友	建	
					服	把	经	放	路	节	备	带	布	运	
					期	换	练	数	跟	英	要	帮	在		
					睡	休	馆	收	楼	苦	票	需	存		

为了更好了解《体验汉字·入门篇》的生字情况，本部分我们将之与《体验汉字·提高篇》也就是系列内教材做一个对照，从而来了解初级阶段系列汉字教材的生字分布情况。

《体验汉字·提高篇》生字在教材中的分布情况如表6-7所示。

表6-7 《体验汉字·提高篇》生字分布情况

课次	一	二	三	四	五	六	七	八	九	十	十一	十二	十三	十四	十五
字数	26	29	37	35	37	38	31	34	35	37	36	37	37	35	37
	用	瓜	奇	两	可	蓝	好	活	抽	讲	吹	恐	后	移	师
	光	衣	骑	辆	何	篮	少	游	挂	让	嘴	念	候	遗	诗
	农	伞	象	主	并	漂	了	满	接	读	喊	态	厚	以	失
	民	果	像	注	瓶	飘	只	演	拍	设	啤	虑	或	易	湿
	为	鸟	代	牙	总	练	干	港	排	计	加	忽	获	译	史
	卫	竹	袋	呀	聪	炼	行	汗	抓	记	另	恋	祝	谊	示
	人	羊	哥	拉	齐	组	乐	汤	推	许	虽	慰	驻	声	士
	元	立	歌	啦	挤	租	得	湖	提	证	号	南	柱	升	事
	先	石	及	旦	冬	净	看	借	掉	谢	售	商	著	胜	灾
	当	毛	级	担	终	静	长	停	握	丝	器	达	筑	希	载

续表

课次	一	二	三	四	五	六	七	八	九	十	十一	十二	十三	十四	十五
字数	26	29	37	35	37	38	31	34	35	37	36	37	37	35	37
	面	片	极	古	必	顶	着	使	烟	纸	李	造	却	稀	支
	表	身	成	姑	秘	订	觉	份	烦	绿	查	遇	确	惜	之
	互	半	诚	故	旁	防	中	价	炒	约	简	逛	参	析	止
	由	米	城	交	傍	访	便	树	炸	线	等	速	餐	吸	指
	央	云	州	较	巴	低	空	桥	烤	结	箱	欢	就	喜	质
	言	鱼	洲	饺	底	还	板	婚	饮	夜	劝	旧	痛	系	志
	而	田	才	青	亲	课	数	妇	饼	队	离	痛	遍	细	治
	于	足	材	晴	新	都	跳	始	准	外	瘦	变	戏	引
	平	巾	财	正	景	差	错	准	除	处	春	丰	符	隐
	产	耳	未	整	影	艺	铁	决	阴	实	音	风	辅	印
	非	末	味	安	至	亿	张	况	际	宝	早	量	负	型
	页	寸	直	按	室	忆	强	减	寒	暑	复	复	形
	无	尖	值	案	告	福	发	随	类	景	亮	付	醒
	求	香	般	高	靠	幅	舍	聊	郊	谅	些	兴
	世	泪	搬	搞	批	富	鸡	职	美	贵	育	鞋	幸
	父	哭	采	批	专	相	鸭	取	贸	玉	协	司
	比	彩	介	传	副	特	联	科	货	精	死
	炎	户	化	次	优	倒	物	初	私	费	预	井	寺
	从	护	化	资	忧	更	助	制	补	真	责	寓	警	金
	官	曾	陪	倍	重	幼	慢	其	闲	乘	净	紧
	管	增	切	调	利	惯	典	闭	承	境	仅
	反	向	种	敢	刷	惊	爱	首	季	敬	尽
	返	母	谈	破	观	懂	受	前	既	理	禁
	合	每	领	硬	览	愉	顾	单	技	丽	该
	盒	列	邻	软	轻	顺	弟	继	厉	改
	式	各	招	研	输	肥	须	养	纪	概
	试	格	例	脑	项	黑	流	盖
	占	良	绍	脚	熟	留
	站	浪	消												
			销												

小结：学生掌握的汉字量要合理地分配到汉字学习的各个阶段，不能太少，也不能贪多。通过统计，我们可以看出两本教材中每课的生字量比较平均，没有太大波动，这反映出了教材对生字编排的重现与调节，符合学生习得语言的认知规律。

2.生字分布情况分析

我们将这本教材的生字表和《汉语水平词汇与汉字等级大纲》（修订本）中的汉字表进行对照。《汉语水平词汇与汉字等级大纲》是编写教材的主要依据，该大纲收字2 905个，包含国家语委汉字处制订的《现代汉语常用字表》中的2 485字，对语料覆盖率累计达98%。其中，甲级字800个，乙级字804个，丙级字601个，丁级字700个。大纲规定的初等水平分为两个等级标准，一级标准掌握的字词为大纲甲级字、甲级词，二级标准需掌握的字词为乙级字、乙级词。第一学年一、二两学期输入的汉字量分别为800个、804个，整体初级阶段共输入甲、乙两级汉字1 604个。

如果教材对《大纲》字的覆盖率越高，教材就越有利于学生读写能力的培养。但是该《大纲》划定的四级字主要依据甲、乙、丙、丁四级词汇的次序与级别编订的，主要为词语教学服务，在编排次序和分级上没能充分反映出汉字教学的内在规律。所以，对于本教材四级字词的划分，主要是看这个字组成的词主要出现在哪个词级，就把它分在哪个词级。

（1）《体验汉字·入门篇》生字分布特点。

将《入门篇》和《大纲》中的汉字表进行对照后，《入门篇》各级生字分布参见表6-8、图6-1。

表6-8《体验汉字·入门篇》各级生字分布情况

课次	甲级字	乙级字	丙级字	丁级字	超纲字
一	14	1	0	0	0
二	19	3	1	2	0
三	19	5	0	1	0
四	24	1	1	0	0
五	20	6	3	1	0
六	25	3	0	2	0
七	20	6	1	3	0

课次	甲级字	乙级字	丙级字	丁级字	超纲字
八	19	6	3	2	0
九	22	4	4	0	0
十	21	5	1	3	0
十一	21	4	4	0	1
十二	21	3	4	2	0
十三	16	7	2	5	0
十四	13	11	4	0	0
十五	9	9	1	6	0
总计	283	74	29	27	1

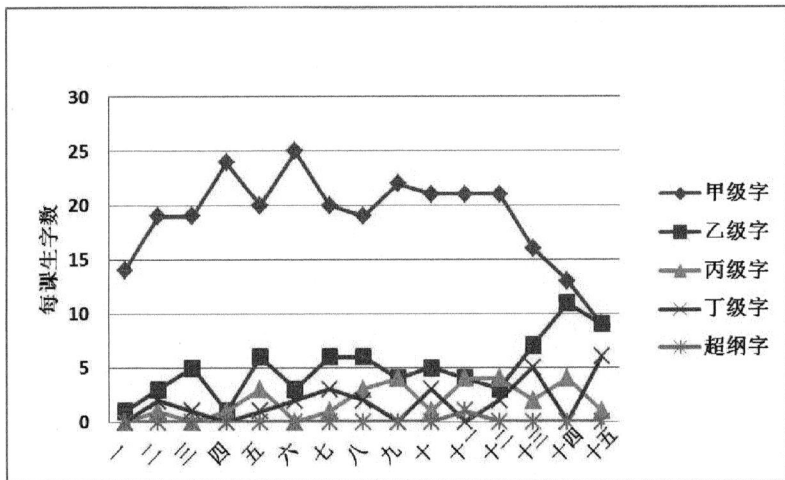

图6-1 《入门篇》各级生字折线分布图

可以看出甲级字分布最广，呈折线上升后下降的趋势，乙级字数量呈折线交替存在，丙级字和丁级字占有一定的比例，此外还有一个超纲字。（京，组词，北京，南京。两个词属于专有名词，学生应该知道。）

（2）《体验汉字·提高篇》生字分布特点。

将《提高篇》和《大纲》中的汉字表进行对照后，《提高篇》各级生字分布如表6-9、图6-2所示。

表6-9 《体验汉字·提高篇》各级生字分布情况

课次	甲级字	乙级字	丙级字	丁级字	超纲字
一	13	10	1	2	0
二	12	10	5	1	1
三	11	17	6	3	0
四	16	10	3	6	0
五	9	22	2	4	0
六	10	16	5	7	0
七	20	8	2	1	0
八	17	10	5	2	0
九	11	15	5	4	0
十	14	14	6	3	0
十一	14	12	7	3	0
十二	11	20	3	3	0
十三	16	9	4	8	0
十四	9	13	10	3	0
十五	6	17	5	9	0
总计	189	203	69	59	1

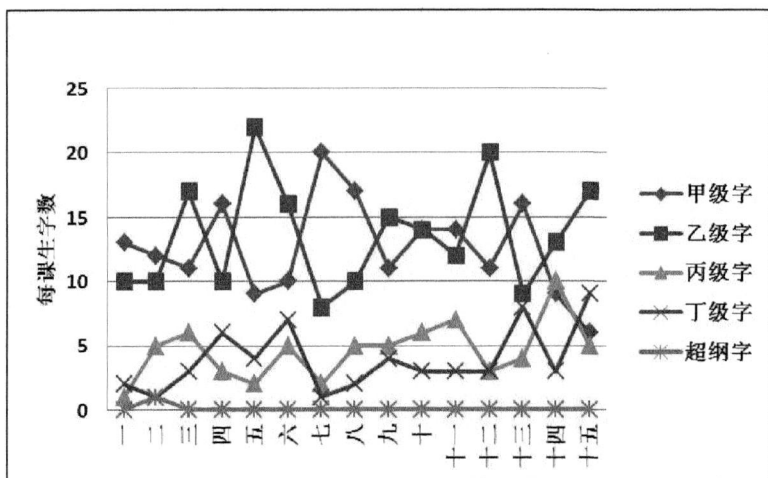

图6-2 《提高篇》各级生字折线分布图

可以看出，乙级字分布最广，其次是甲级字，并且甲级字和乙级字均起伏比较大，丙级字及丁级字相对起伏较小，且甲级字和乙级字的折线图整体基本在丙级字和丁级字上部，有一个超纲字。

（3）两册各级生字的累计情况分析。

两册各级生字累计分布参见图6-3。

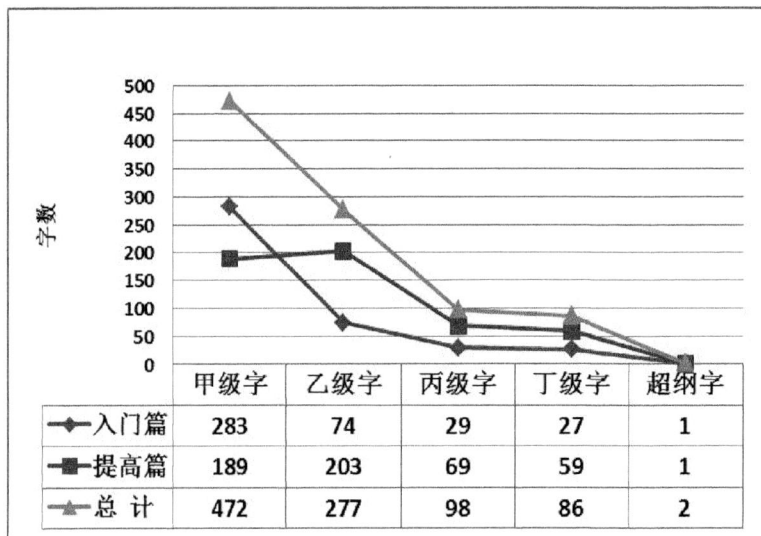

	甲级字	乙级字	丙级字	丁级字	超纲字
入门篇	283	74	29	27	1
提高篇	189	203	69	59	1
总　计	472	277	98	86	2

图6-3 《入门篇》《提高篇》各级生字累计情况分布图

可以看出，《入门篇》的甲级字分布最广，其他各级字明显减少；《提高篇》甲级字分布有所下降，乙级字大幅增加，丙级字、丁级字和超纲字较《入门篇》有所上升。《入门篇》的甲级字比例高于《提高篇》，后者的乙级字比例高于前者。总的来说，两本教材的选字基本上是《大纲》中的字。

（二）生字字量的输入

我们将统计出的两本教材中的各级字与教材生字表和《大纲》进行对照，统计其所占比重。

1.教材各级字在教材生字表的比重

教材中各级字在教材中所教生字中占的比重及百分比折线图，见图6-4。

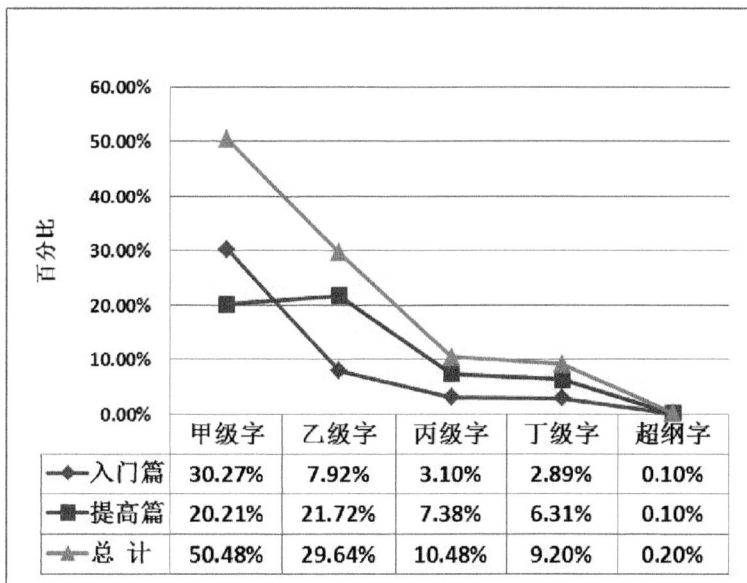

	甲级字	乙级字	丙级字	丁级字	超纲字
入门篇	30.27%	7.92%	3.10%	2.89%	0.10%
提高篇	20.21%	21.72%	7.38%	6.31%	0.10%
总 计	50.48%	29.64%	10.48%	9.20%	0.20%

图6-4 教材中各级字在所教生字中占的比重及百分比折线图

甲级字在《入门篇》输入所占的比重最大，为30.27%；在《提高篇》输入比重明显下降，为20.21%。乙级字在《入门篇》输入所占比重不大，为7.92%，而在《提高篇》输入比重大幅上升，为21.72%。丙级字和丁级字在《提高篇》输入比重有所上升，并且《提高篇》出现了超纲字，比重极小。《入门篇》的甲级字比例高于《提高篇》，后者的乙级字比例高于前者。

2.教材各级字在《大纲》汉字表的比重

教材中各级字在《大纲》中占的比重及百分比折线图，见图6-5。

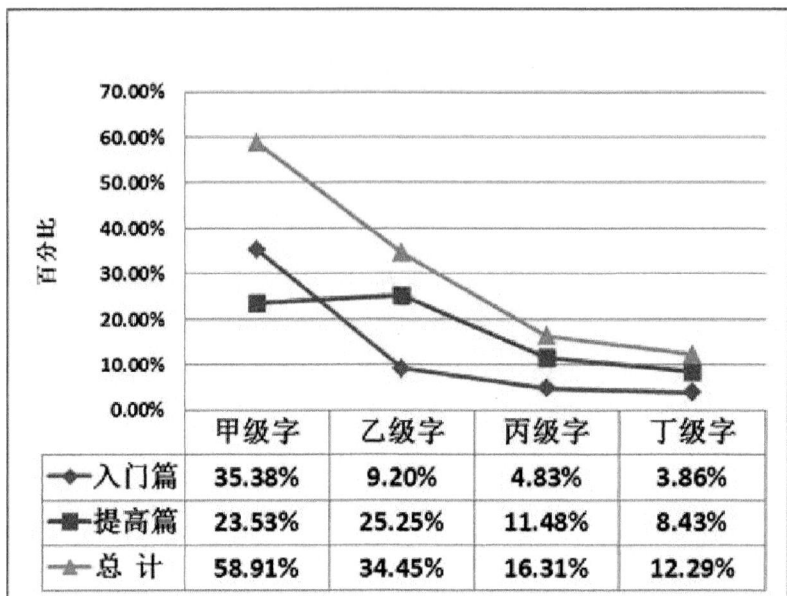

图6-5 教材中各级字在《大纲》中占的比重及百分比折线图

《入门篇》输入的甲级字所占比重最大，占《大纲》甲级字的35.38%；《提高篇》输入的甲级字比重下降，只占23.53%，两本教材累计甲级字所占比重为58.91%。《入门篇》输入的乙级字占《大纲》乙级字的9.20%，《提高篇》输入的乙级字比重快速上升，为25.25%，两本教材累计乙级字所占比重为34.45%。

总体而言，甲级字和乙级字是这本教材汉字教学的主要内容。《大纲》规定的初等水平一级标准掌握的字词为《大纲》甲级字、甲级词，也就是800个字。而教材《入门篇》所教汉字414个，再加上《提高篇》中将要学习500多个汉字。整个初级阶段汉字量将达到900个字。这符合《大纲》的理论要求。如果在实际的汉字教学中，一个学期学生除了其他课型的汉语学习外，在汉字课，理论上学会414个汉字，将是一个非常成功的教学。

3.生字总量的覆盖率

汉字学习必须保证对语料的覆盖率，才利于汉语听、说、读、写训练的展开。

根据《汉字使用频率表》的统计，如认识500个常用字，则覆盖面为78.53%，1 000个常用字，则覆盖面为91.92%，1 500个常用字，则覆盖面为96.48%，2 000个常用字，98.39%。换句话说，如果认识2 000个汉字，那么应该能满足日常阅读的基本需要。

笔者根据《汉字使用频率表》将教材中生字与常用字进行对照（表6-10），字频在2 000字以下的教材生字为97.98%，可以看出教材中生字占常用字的比例很高，也就是说，教材选字以常用字为主，控制在常用字的范围之内，贴近日常汉语，体现出教材注重实用的特点。

表6-10 教材生字量与常用字对比情况分布

	1—500字	501—1 000字	1 001—1 500字	1 501—2 000字	2 000字以上
字数	220	111	57	16	10
占教材总生字百分比	53.28%	26.63%	13.80%	3.87%	2.42%

（三）生字字目的选择

汉字生字字目的选择主要根据汉字的使用频率、能否单独成词、构词能力、笔画数多少、部件的构字频率、实现交际功能的必要性等几方面。可以明显看出，《体验汉字·入门篇》属于结合汉字部件构字能力来选择字目。

教材前四课共教笔画简单的独体字91个，之后逐步学习笔画、结构、部件相对复杂的汉字，为日后集中大量识字做好准备。教材在学习汉字之初，有意识地运用了部件归类识字法，使学生由刚开始的完全靠机械的记忆，到后来慢慢形成字理的意识，增大了学生的识字量。教材中生字的选择不是从"词"的角度来选择的，所以，教材中要求认读的词或词组是留学生第一时间能想到的或经常用到的，但常常和汉字的本义不相关。一方面，根据留学生习得的顺序来讲，这样组词符合留学生汉字习得顺序；另一方面，汉字是词语的视觉符号，所以在教材中讲解汉字的时候，还是应该适当考虑字的构词情况。

（四）小结

本部分对《体验汉字》教材所教授的生字进行了细致的描述和分析，可以看出各生字在各课的分布情况，统计得出：《入门篇》教写生字414个；《提高篇》教写汉字521个，两教材共计教授汉字935个，《提高篇》中教授的汉字数量比《入门篇》增加了107个。

我们将教材中的所教写的汉字与汉字等级大纲对照，统计得出：《入门篇》生字中，甲级字283个，乙级字74个，丙级字29个，丁级字27个，超纲字1个；《提高篇》生字中，甲级字189个，乙级字203个，丙级字69个，丁级字59个，出现超纲字1个。甲级字在《入门篇》中分布最广，乙级字、丙级字、丁级字分布比较低并依次减少；《提高篇》中甲级字与乙级字分布基本相当，乙级字分布大幅上升，丙级字和丁级字分布也均有上升。《入门篇》中甲级字所占比重最大，《提高篇》中乙级字分布大幅上升，同时丙级字和丁级字较之入门篇所占比重也有所上升。

教材中生字输入量情况：教材中出现的各级字在教材中所教生字中所占比重分别为：甲级字50.48%，乙级字29.64%，丙级字10.48%，丁级字9.20%，超纲字0.20%。教材中出现的各级字在《大纲》中所占比重分别为：甲级字58.91%，乙级字34.45%，丙级字16.31%，丁级字12.29%。比较后可知，甲级字和乙级字是这本教材汉字教学的主要内容。生字量也符合《大纲》的理论要求。在实际的汉字教学中，一个学期学生除了其他课型的汉语学习外，在汉字课，理论上学会414个汉字，将是成功的教学。将《入门篇》414个生字与《汉字使用频率表》进行对照，字频在2 000字以下的教材生字为97.98%，可以看出教材中生字占常用字的比例很高，也就是说，教材选字以常用字为主，控制在常用字的范围之内，贴近日常汉语，体现出教材注重实用的特点。

《入门篇》结合汉字部件的构字能力来选择字目。教材中生字的选择不是从"词"的角度来选择的，所以不太考虑生字能否单独成词以及生字的构词能力。

五、生字复现率统计与分析

根据之前介绍的教材评估指标体系可知，教材评估的众多方面之一是考察教材的复现率。在本教材中主要考察生字复现率问题。

根据课程设置的安排，汉字课如果作为初级阶段单独设课的课程，一周大概能有三课时，可以完成一课，共十五课，十五周完成。如果一课的知识学完后，下一周没能及时复现，甚至学过之后一个月才能复现，这样的编写不利于学生的认知与记忆。在教材中如果能够注意生字的复现，将有利于知识的联系和融会贯通，有利于教学的相互联系，有利于提高学生对生字的记忆能力和识别能力，有利于提高教材的质量，促进教材体系建设，使教材的内容和结构更加科学和完整。

(一)复现率相关理论研究

1.输入假说

20世纪70年代末，Krashen提出了第二语言习得的一种解释，主要说明的是语言学习中监控的作用，因此被命名为监控模式。80年代初该理论被扩展为包含更广泛内容的一种模式，被命名为输入假说。包含五个系列假说：习得与学习假说、自然顺序假说、监控假说、输入假说和情感过滤假说。

赵璞对此进行了介绍①：（1）Krashen认为人类获得语言的唯一方式是接受大量的可理解的输入。人们的注意力集中在输入的信息本身，而不是语言形式上。当他们理解了输入的信息，并且让输入多少包括一点超过他们能力的语言时，语言结构也就习得了，语言结构也是在自然的语言交际过程中习得的。（2）习得产生的一个条件就是学习者获得比现有水平更高一点的语言输入。假设学习者的现有水平是i，则下一阶段应该获得的输入应该是i+1。学习者可以借助各种直观手段，语境（包括上下文、语外信息、我们对世界的认知和已获得的语言能力）等获得对输入内容的理解。如果输入的内容远远超过学习者现有的水平，即1+2，或者是和现有水平一样，即1+0，这两种情况下的习得都不能取得最佳效果。（3）Krashen强调听力活动对语言习得最为重要，语言习得是通过听力理解来实现的。口头表达是语言习得的结果而不是它的成因，它是在学习者通过可理解性输入提高语言能力之后自然而然出现的结果。只要可理解性输入的量充足，它将自动提供必要的语法。语言教师不必特意按照自然顺序逐阶段讲解语言结构，因为充足的可理解性输入会自动为学习者提供适量的下阶段语言结构和复习这些结构的机会。

教材作为学习者语言知识输入的重要来源，对学习者学习效果有直接影响。教材的输入要有一定的质量与数量，所谓"输入超过他们能力的语言"。因此，考察教材复现率，是对输入假说的发展。

2.记忆理论

现代认知心理学根据信息从输入到提取所经过的时间和信息编码方式的

---

① 赵璞.外语教学中的大量语言信息输入——介绍克拉申的《输入假设:问题与含义》[J].外语研究,1988(2):37-40.

不同，把记忆系统分成3个子系统：感觉登记、工作记忆和长时记忆。

感觉登记储存信息的时间几秒而已，还没有达到意识水平就消失了。工作记忆又被称作"短时记忆"，可以持续几秒到2分钟。长时记忆是指信息经过充分和有一定深度的加工后，在头脑中长时间保存下来的一种记忆，保存时间很长，从一分钟以上到许多年甚至终生不忘。长时记忆中的认知过程主要涉及编码、知识的储存和提取。拿学习汉字为例，教师把教材中的汉字展示给学生，让学生理解和识记就属于编码的过程，教师在教学中使用一些教学手段，将知识组织起来，精细加工，建立某种联系，储存在大脑里叫作知识的储存。从长时记忆中激活或回忆知识的过程是提取。储存和提取需要知识呈现一定的强度和重复。这三个过程，出现编码失败、提取失败和干扰的情况，知识的内容和数量会发生变化，也就是发生了遗忘。

艾宾浩斯用无意义音节作识记材料，研究了遗忘进程和规律，得到了遗忘曲线。他发现：遗忘在学习之后立即开始，20分钟后遗忘率为42%，一天之后的遗忘率为66%；遗忘进程的发展是不均衡的，其规律是先快后慢，呈负加速型。但过了相当长时间后，几乎不忘。

可见，遗忘不可避免，我们只能尽量避免遗忘。避免遗忘的最好办法是不断加以巩固和强化，长期保持记忆。所以，在语言学习中非常讲究复现率，在教材的编写和课堂教学之中要遵循科学的规律，循环往复，逐渐深化，逐步提高。

（二）生字复现率统计与分析

在明确教材的生字数量和生字等级分布之后，我们现在来了解一下生字的复现率。需要明确的是，本部分的生字复现率是指教材中教授的汉字，不是指教材中出现的汉字。首先，根据我们指定的标准，对教材的生字、字词、练习进行录入统计，得出生字复现率的总体情况。之后再分为生词与练习两个层次，对教材的生字复现率进行统计，分析不同层次生字复现的特点。最后，考察生字复现的课文数和首次出现与再次复现的间隔课文数，从横纵两个方向考察教材的复现是否符合语言习得认知的规律。

1.教材生字复现率统计总表

教材共有生字414个。复现率为0代表这个字只出现一次；低档复现率规定生字出现的次数在1~5次；中档复现率规定生字出现的次数在6~99次，所以再依次分为6~15、16~30、31~59、60~99四个档，以便观察数据；高复现率规定生字出现的次数在100次以上，统计结果见表6-11。

表6-11 教材生字复现率情况统计总表

复现率	复现率为0	低复现率为1~5	中复现率为6~15	中复现率为16~30	中复现率为31~59	中复现率为60~99	高复现率≥100	总计
教材生字数	0	233	18	105	43	13	2	414
所占百分比	0	56.28%	4.35%	25.36%	10.39%	3.14%	0.48%	100%

分析：通过数据统计，得出教材生字平均复现率为19.13次。江新通过实验得出汉字的平均复现率至少要达到24次，才能保证其音义皆知的正确率达到70%。如以此为依据，我们的教材复现率稍偏低。我们可以发现低档复现率最高，其次是中档复现率中16~30段复现率较高，还有复现率为0和高复现率的情况需要关注。

（1）复现率为0的情况。

教材中没有复现率为0的情况，原因是本文选择生字复现率为研究对象，教材学习每个生字，都会有相应的例词，不会让生字单独出现，也就不可能有复现率为0的可能。

（2）低档复现率。

教材内低档复现率的汉字为233个，占生字总数的56.28%。原因是教材没有课文且大部分生字、字词受表达和词语使用的限制，本身构词数不高，再加上大部分生字只能在汉字教学固定过程和固定练习中得到复现，没有被选中作为有代表的例子编排到各种练习中。所以，这些生字复现率较低，容易让学生随着一课的结束，忘记所学的内容。

（3）中档复现率中16~30段复现率较高。

教材的生字处于中档复现率16~30次的有105个，占教材生字总数的25.36%，比例也较高，占到全教材的四分之一。生字复现率在这个范围内最为合适。

（4）高复现率情况。

教材中高复现率的汉字有2个，占0.48%。这两个字分别是："一"和"天"。这两个汉字构词率高，在篇章中出现的次数也多，因此在教材中的复现率很高。

2.不同层次复现率统计

为突出本教材生字复现率的系统性，我们将划分两个层次来考察本教材的生字复现率，即词语中的生字复现率和练习中的生字复现率。

（1）词语中的生字复现情况。

我们统计了课文词语中的生字复现情况，如表6-12所示，教材生字共414个，生词共776个，词语中生字平均复现率为3.86次。也就是说每个生字构成时词语的重复出现次数平均为3.86次。说明教材在编排字词时比较注意用学过的生字重复构词，采用以旧带新的形式学习新字词，通过组词再现这个字。由数据我们看到，复现率为2次的比例很大，这是因为学习生字时，教材会给出两个例词，而除此之外该生字没有和别的生字再组成新的词语，因而这一类生字的复现低较。复现率超过3次以上的生字有一部分是因为教材利用学过的生字引出新的生字，还有一部分生字本身构词能力强，所以其复现多。

表6-12 词语中的生字复现情况统计表

复现率	复现率为1	复现率为2	复现率为3	复现率为4	复现率为5	中复现率6~15	中复现率16~99	高复现率≥100	总计
教材生字数	57	123	82	54	24	70	4	0	414
所占百分比	13.77%	29.71%	19.81%	13.04%	5.80%	16.91%	0.96%	0%	100%

（2）练习中生字复现情况。

从总体来看，教材的大部分生字的复现是通过练习的形式完成的，练习有针对性地对汉字的音形义、词、句子、篇章进行训练，巩固和强化学生的记忆。复现率为6~15次的中档复现率的生字数量最多，这说明大部分生字受题型的影响，复现率在差不多的水平之内，而比较高的复现率则是生字本身原因和练习设计原因复现率较高，统计数据见表6-13。

表6-13　练习中生字复现情况统计表

复现率	复现率为0	低复现率 1~5	中复现率 6~15	中复现率 16~30	中复现率 31~59	中复现率 60~99	高复现率 ≥100	总计
教材生字	0	28	261	88	28	8	1	414
所占百分比	0	6.76%	63.04%	21.26%	6.76%	1.93%	0.24%	100%

3.教材中生字复现率分布情况统计

在前文的理论综述中提到，心理学上认为，遗忘与识记材料的顺序相关，知识会受到"前摄抑制"和"后摄抑制"的干扰而发生遗忘。举个简单的例子：学习英语单词时，以前学习过的汉语拼音对记忆有干扰，这就是前摄抑制，前面学习过的材料对记忆的影响；当我们能熟练使用英语单词时，英语单词又反过来对回忆汉语拼音有干扰，这就是倒摄抑制。因此，为了避免遗忘，要注意科学合理地复现知识。但是，生字的复现有时并不准确。例如：第14课"越"字在全书出现了19次，有18次是在第14课出现的。"越"字的复现率虽达到中档水平，但是这个字只分布在两课中，不利于学生记忆。因此，我们来考察生字复现的课文数和首次出现与再次复现的间隔课文数，以期得到教材的复现是否符合语言习得认知的规律。

将教材生字分成五个部分进行统计，分别是：仅见于一课的生字、复现一课的生字、复现3~5课的生字、复现6~10课的生字、复现10~15课的生字，考察这五个复现阶段的分布情况，统计数据见表6-14。

表6-14 教材生字复现课文数分布统计表

复现范围	生字数量	占全书总生字数的比例
仅见于一课的生字	48	11.60%
复现一课的生字	79	19.08%
复现3~5课的生字	163	39.37%
复现6~10课的生字	94	22.71%
复现10~14课的生字	30	6.52%

分析：教材仅见于一课的生字和复现一课的生字共占30.68%，比重较大，复现3~5课的生字最多，占到39.37%，比较高复现的生字占到29.23%。由此可见，教材仅见于一课的生字比例不少，这样的编排不太合理，不利于学生的记忆。但教材生字的复现相对均匀，比较分散，尤其是复现3~5课的生字较多，基本注意了应用汉字习得记忆理论，注意了学生的认知过程，教学资源分配较平均。还体现出教材的编写注重遵循其自己设定的编写原则，让生字，字词循环再现。

由艾宾浩斯的记忆曲线得知遗忘在学习之后立即开始，20分钟后遗忘率为42%，一天之后的遗忘率为66%；遗忘进程的发展是不均衡的，其规律是先快后慢，呈负加速型。尤其是语言学习，在学习中要非常重视遵循科学的复现规律，循环往复，逐渐深化，逐步提高，才能达到比较好的学习效果。所以，教材的编排和教学设计都应在学生发生大量的遗忘之前，对已学知识进行整合复现，及时复习。假设一个生字在第2课第一次出现，在第12课第二次出现，显然，这样的编排就不利于学生的记忆，还会加重学生的学习负担。再如：第11课学习生字，但在第9课这个字作为要求认读的字词或练习中出现的字词出现过，这种现象在教材中也非常普遍。

为了更加直观的考察，我们在之前的统计基础上，分析出仅见于一课的生字有48个，在紧接着的下一课得到复现的生字有143个（不包括第15课生字），在此后3~5课得到复现的生字有175个。在学此生字之前就作为字词出现过的生字有281个，占全部生字的67.87%。

分析数据得出，仅见于一课的生字最少，说明大部分生字都能得到复现。在紧接着的下一课复现的生字比较多，这也符合遗忘曲线的规律，通过复现尽量使学生记住，记牢，将短期记忆转变为长期记忆。在此后3~5课复现的生字更多，说明教材有意识的重现学过的知识，但不能做到对全部内容进行复现。

另外，在教材编写说明中说："教材十分重视复现率，对于部分在前面的课程中要求认读的汉字，随着教学的深入，在后面的课文中会要求学习者掌握书写。"这一点和其他教材有极大的不同，大部分重视复现率的教材会在生字出现的课数后加强复现，而本教材会在作为生字出现之前就大量出现，但要求是只读不写，多认少写。

（三）小结

本部分对教材的生字复现率进行统计考察，使用的方法是先采用EXCEL软件对教材中的生字、词组、练习进行录入，再统计每个生字复现的次数和复线分布。

首先，得出生字复现率的总体情况。教材生字平均复现率为19.13次。若以江新得出的汉字平均复现率至少要达到24次的观点为依据，我们的教材复现率稍偏低。其中，教材没有生字复现率为0的情况；低档复现率最高，为233次，占56.28%。原因是教材没有课文，大部分生字、字词受表达和词语使用的限制，本身构词数不高，再加上大部分生字只能在汉字教学固定过程和固定练习中得到复现，没有被选中作为有代表的例子编排到各种练习中，以致这些生字复现率较低，容易让学生随着课程的结束，忘记所学的内容；中档复现率中16~30段复现率较高，占25.36%，生字复现率在这个范围内最为合适。教材高复现率为2次，占0.48%。这两个字分别是：一，天，这些汉字构词率高，在篇章中出现的次数也高，造成小部分生字复现率很高。

其次，划分的两个层次有字词中的生字复现情况和练习中生字复现情况。字词中的生字复现情况，教材生字共414个，生词共776个，字词中生字平均复现率为3.86次。说明教材在编排字词时比较注意用学过的生字重复构词。由数据我们看到，复现率为2次的比例很大，这是因为学习生字时，教材会给出两个例词，而除此之外生字没有和别的生字再组词，这一类生字复现低。复现率超过3次以上的生字有一部分是因为教材利用学过的生字引出新的生字，还有一部分生字本身构词能力强，所以其复现多。

练习中生字复现情况，练习中生字平均复现率为15.3次。从总体来看，教材的大部分生字的复现是通过练习的形式完成的，练习有针对性地对汉字的音形义、字词、句子、篇章进行训练，巩固和强化学生的记忆。中复现率6~15档数量最多，表示大部分生字受题型的影响，复现率在差不多的水平之内，而比较高的复现率则是受生字本身原因和练习设计原因复现率较高。

最后，考察生字复现的课文数和首次出现与再次复现的间隔课文数，以期得到教材的复现是否符合语言习得认知的规律。

教材仅见于一课的生字和仅复现一课的生字共占30.68%，比重较大，复现3~5课的生字最多，占到39.37%，比较高复现的生字占到29.23%。由此可见，教材仅见于一课的生字比例不少，这样的编排不太合理，不利于学生的记忆。但教材生字的复现相对均匀，比较分散，尤其是复现3~5课的生字较多，基本注意了应用汉字习得记忆理论，注意了学生的认知过程，教学资源分配较平均。还体现出教材的编写注重遵循自己设定的编写原则，让生字，字词循环再现。

首次出现与再次复现的间隔课文数的数据分析得出仅见于一课的生字数量最少，说明大部分生字都能得到复现。在紧接着的下一课复现的生字比较多，符合遗忘曲线的规律，通过复现尽量使学生记住，记牢，将短期记忆转变为长期记忆。在此后3~5课复现的生字更多，说明教材有意识的重现学过的知识，但不能做到对全部内容进行复现。在学此生字之前就作为字词出现过的生字有281个，占全部生字的67.87%。这一点和其他教材有极大的不同，大部分重视复现率的教材会在生字出现的课数后加强复现，而本教材会在作为生字出现之前就大量出现，但要求是只读不写，多认少写。

六、初级阶段对外汉字教材的编写思考

(一)《体验汉字·入门篇》编写的优点

1.教材的方法论创新

该教材基于体验式教学和任务型教学相结合的新型教学理念，所以，教材名字中有"体验"二字。教材大胆启用新型教学理念，意在探索找出更有利于学生汉字学习的新方法。教材从学生的认知水平出发，在教材的教学设计和练习设计中有效激发学生的学习兴趣并发挥学生的主观能动性，即学即练，练习形式多样，实用性高，使汉字知识更容易被学生理解和记忆，是区别于其他教材的重要特点，给初级阶段对外汉字教材编写研究注入新鲜血液。

本教材积极吸收汉语本体研究的最新成果。教材利用部件汉字教学法教授生字，教材是典型的"文""语"分离的教材，认写分流降低学习的难度。使学习者认识和吸收了语言学的新观念和新方法。

2.教材知识点描写全面细致

教材每课给出学习目标，列出具体学习内容，汉字知识点描写清晰全面。教材对"偏旁"与"部件"、"偏旁"与"结构"、字词关系等交叉知识点的补充说明细致。重要的是教材对不容易表达明白的规则和针对具体字的写法给出"书写要点"，语言精准，描写性和解释力强，完全可以指导教学或帮助学生自学。

3.教材练习设计实用

教材的练习设计也是教材的亮点之一。3个模块共有40种题型，题型设计新颖有趣，注重实用。练习从整体上遵循了两条脉络：一条是遵循从笔画、偏旁、部件到整字的脉络；另一条是遵循由字到词，由词到句，由句到篇章逐级上升的脉络。教材的练习能够合理复现和强化汉字基础知识。

(二)《体验汉字·入门篇》编写存在的问题

1.教材缺少对教学对象的研究

本章分析的教材是《体验汉字·入门篇》英俄注释版，教学对象应该是针对以英语或俄语为母语的欧美非汉字圈的学习者，但在本教材中除了一些英文、俄文的释义，没有看到更多的针对特定学习者设计的内容，这使教材的针对性打了折扣。

留学生学习汉语的背景、水平、文化情况比较复杂，且不同母语背景的学生学习汉字的基础也不一样。所以从学习者的角度，他们需要更有针对性的教材，也可以说是需要国别性、语别性、族别性教材。本教材针对的是非汉字文化圈的汉语初级学习者，教材应该尝试增加汉字与拼音文字的对比知识，从一开始就帮助留学生适应汉字的观念，减少留学生原有文字观念的负迁移。如果本教材能够再次修订的话，建议编者考虑和英语、俄语国家的专家学者合作，"走一条'我编—中外合编—我编'的道路"[1]，修订出一本更

---

[1]赵金铭.论对外汉语教材评估[J].语言教学与研究,1998(3):8.

有针对性的区分国别的教材。

2.教材缺少形声字的教学

在现代汉字中形声字的比例高最高，覆盖率最大，在本教材中，形声字的数量也是最大的。但教材中只是介绍了形声字的基本概念，没有体现形声字的教学。形声字中形旁和声旁与字义和字音有密切关系，利用形声字教学可以有效地提高合体字形音义教学的效率。所以，在汉字教学初期，教材要有意识地利用这一优势，根据形声字及其形旁、声旁表现出的特点，进行集中教学，可以帮助学生快速地学习与记忆汉字。

3.教材的选材趣味性不足

选材是教材编写中的重要环节，赵金铭提出必须遵守两点要求：一是选取真实的语言材料；二是选取受学习者欢迎的语言材料。王汉卫曾对汉字课的满意度进行问卷调查，结果表明：71.8%的学生对汉字课普遍反映不太满意。主要原因是没有课文，太单调[①]。可见，"文""语"分离的体验式教学理念没能很好地解决这一问题。如果能利用"随文识字"类教材的优点，增加一些形式新颖、内容活泼的小短文把一课中大部分生字包含并穿插在学写汉字模块之中就更好了。这样可以使学生在情境中学习，增加字与字之间的联系，强化对字的识记。另外，独体字中象形字的图画表意性可以得到更多的展示，象形字与部分汉字内在的图画相似性可以增加汉字学习趣味，降低初级阶段汉字学习难度。

4.教材生字的字理介绍不充分

本教材用意符的表意性来学习偏旁，并将汉字拆分为易于识记的部件，让汉字看起来更有"规律"，这一点有利于学生学习，但还可以做得更好。教材应该帮助学生找到更多的汉字的"规律"，按照造字结构教学，体现其理据性。张智慧在其博士论文[②]中总结具体方法为：其一，解析字形的外部组成材料：笔画、部件、构形模式等方面存在的规律，使学生明了汉字的客观组成成分，如充分利用古代汉字在形体上与现行汉字的联系来介绍汉字的字理。其二，解析形体所系联的语音、语义，形成形义、音形义系联的通道，使学生明了汉字字形之所以如此的内部原因，不必局限于外部形体，仅知其然，

---

①王汉卫.精读课框架内相对独立的汉字教学模式初探[J].语言文字与应用,2007(1):121.

②张智慧.基于对外汉字教学的汉字构形理论应用研究[D].石家庄:河北师范大学,2011:96.

不知其所以然。这就要求对外汉字教材的编写者和研究者加强对汉字本体的研究并合理的应用在教材编写和教学中。

（三）初级阶段对外汉字教材编写建议

1.汉字知识点

初级阶段对外汉字教材应尽可能详尽的介绍汉字知识，帮助学习者形成汉字观念。编者在编排教材汉字知识点时，应注意用最详尽的方式介绍知识点，但根据留学生的需要可再分为只要求了解的知识和要求会写会用的知识。教材汉字知识点的编排应尽量体现新的教学理念和新的教学研究成果，寻求最好的方法教会学生，突出教材知识点编排的特色。

2.汉字练习项目

初级阶段对外汉字教材中的汉字练习要以巩固和提高汉字学习者的认、读、写多方面汉字能力为主，练习中尽最大可能复现汉字知识，整理、区别、归纳所学内容。从整体上遵循从笔画、偏旁、部件到整字的脉络，和由字到词，由词到句，由句到篇章逐级上升的脉络。注重考查字的音形义，注重考查连词成句甚至篇章的理解。教材应该力求使练习形式更加新颖有趣，注重实用。最后，注意练习的量要保持在学生可以接受的范围内。

3.字量安排

对外汉字教学字量安排的研究主要包括两个方面：一是汉语作为第二语言的学习者需要掌握多少汉字，二是教学字量的分布以及各个阶段的字数分布为多少是比较合理的安排。有学者提出要依据汉字自身出现频率统计出来的汉字覆盖率，来确定汉字输入量。这个观点可行且实用，所以，教材编写可以参照《汉字使用频率表》作为字量的标准。另外，初级阶段对外汉字教材的汉字量基本上都会参考《大纲》的汉字等级和分布情况。《大纲》规定的初等水平分为两个等级标准，一级标准掌握的字词为《大纲》甲级字、甲级词，二级标准需掌握的字词为乙级字、乙级词。第一学年一、二两学期输入的汉字量分别为800个、804个，整体初级阶段共输入甲、乙两级汉字1 604个。但是《大纲》的划定以"词"为主要依据，为词语教学服务，所以，不能仅仅依靠《大纲》来确定字量安排。

4.字目选择

汉字生字字目选择的主要根据是汉字的使用频率、能否单独成词、构词能力、笔画数多少、部件的构字频率、实现交际功能的必要性等汉字基础知识的多个方面。除了以上根据,还应结合教材编写的特点并参照《汉字使用频率表》中的常用字。所以,初级阶段汉字教材的字目选择要综合多方面的要求。这就要求编者对汉字字目选择的多方面要求作出全面分析,并综合结论,得出尽量覆盖以上要求的汉字。

5.合理复现

教材的生字要合理及时地复现。复现的合理方法是:所学生字要在当课练习中复现;生字要多出现在词语、句子、篇章练习中;前一课学的生字要在下一课或紧挨着的课中复现;前一课学的生字可以作为邻近课的例词出现,或与"新"生字再次组词;生字复现的课文数要尽量多。

结　语

一、汉语国际传播中外国人汉字习得研究结论

(一)韩国留学生汉字书写偏误及其成因分析

本研究收集到的语料全部字数约为 24 947 个，其中书写中出现的汉字偏误为 475 个，将韩国留学生汉字书写偏误类型分为笔画、部件、整字三个层面。其中部件偏误最多，整字偏误最少；"点、横、提"构成了笔画书写偏误的主体；部件误用的比例高，部件错位偏误率很低；近形误用在整字偏误中所占的比例最大。偏误形成的原因包括汉字本身的复杂性、韩文字的负迁移、学习者自身因素和教学失误等方面。

(二)泰国零起点学生汉字拼音辨识研究

以泰国零起点班学生为研究对象，开展了汉语拼音辨识研究，总结出汉语声母韵母听辨存在的问题（如：声母韵母的误听及近似音 b/p、d/t、g/k/h、j/q/x、zh/ch/sh、z/c/s 的误听混淆），分析影响泰国人听辨汉语拼音声母、韵母的相关因素，主要有英语和泰语的干扰、心理压力及环境等，并提供克服学生听辨障碍的对策（解疑、讲解发音知识等方面）；在音节、语流中辨别声母、韵母并针对泰国人声母韵母的听辨难点做了相应的教学设计。

(三)外国留学生汉字学习策略研究

对不同阶段、不同文化背景的留学生进行了关于汉字学习策略的调查，

根据调查结果对留学生的汉字学习策略使用情况进行了分析和研究，以了解留学生汉字学习策略的总体使用情况，发现汉字文化圈和非汉字文化圈留学生使用汉字学习策略时各自的特点和规律，并以中级、高级阶段留学生为例进行了汉字学习策略的有效性研究，旨在找出对中级、高级阶段留学生更为有效的汉字学习策略。

（四）泰国中学生汉语习得的感知与态度调查研究

以泰国程逸学校为例，开展了中学生对汉语教学感知的调查研究。2008年泰国政府"汉语普及令"促进了中学阶段汉语教育的普及，在此背景下以泰国程逸中学为例，开展泰国中学生对汉语教学感知的调查研究。分析表明：①绝大多数泰国中学生感觉汉语课中最难学的是汉字，觉得汉字难认难写；学生明显低估了语音和语法的学习难度。②课堂教学上学生比较喜欢听说的形式，不太喜欢阅读和做练习，也喜欢课堂上经常做活动（游戏）。③有超过90%的学生汉语课是作为第二外语选修的，每周课时为1节课；总体上看学生汉语课时设计偏少。④对于以《创智汉语》为主的汉语教材，学生普遍觉得内容正好，但难度偏大。⑤中学生对汉语课学习普遍具有好感，家长们对汉语课学习持赞同态度的也出于大多数。

（五）针对外国人汉字学习的教材分析

以国家汉办规划教材《体验汉字·入门篇》为对象对初级阶段对外汉字教材进行个案研究。文章细致分析了教材的汉字教学内容，具体细化到汉字的笔画、笔顺、偏旁、部件、结构整字、字词关系、查字典、六书和练习项目。了解了教材教学材料的表达与呈现，又通过大量统计，对生字情况和生字复现率进行分析，最后，提出初级阶段对外汉字教材编写思考。

二、本研究内容及其不足之处

本研究在以下方面进行了探索：①初步探讨了汉字圈与非汉字圈外国人整字习得基本特征的差异。②在海外收集了大量有关汉语国际传播的资料，开展了外国中学生对包括汉字学习在内的汉语学习感知和态度调查研究，尤其是对泰国的汉语国际传播事业有着较为深入的理解和认识。③以中国国家汉办规划教材《体验汉字·入门篇》为对象对初级阶段对外汉字教材进行个案研究。

　　与此同时，本研究存在一些不足之处：①汉字习得是字形、字音、字义基础上的汉字整体学习过程，目前针对汉字书写、汉字拼音等方面做了一些探讨，而对于字义视角的汉字学习尚未开展，未来需要加强。②由于时间、精力和能力等限制，还只是做了国家汉办规划教材中汉字教材的个案分析，未来需要从国内、国外两个方面汉字教材开展更多的个案分析和比较研究，针对不同语言背景的外国人研发出不同特色的、合适的汉字教材。

附录一　留学生汉字学习策略
调查问卷

尊敬的留学生朋友：

您好!

汉字学习是汉语学习中的重要组成部分。为了更好地了解留学生汉字学习的特点和学习策略，我们进行了此次问卷调查。本次问卷所填资料仅作学术研究之用，所有的个人信息与内容均对外严格保密。真诚地希望您在百忙之中抽出宝贵时间来填写，非常感谢您的支持与贡献!

一、您的基本情况（选择题请您在相应的选项上打"√"；填空题在下划线上填空）

1. 请问您的班级是

_____

2. 请问您的国籍是

_____

3. 请问您的年龄是

　A. 小于20　　B. 20~30　　C. 31~40　　D. 大于40

4. 请问您的性别是

　A. 男　　　　B. 女

5. 请问您学习汉语多久了?

_____

6. 请问您的HSK等级是

_____

7. 您是否学习过专门的《汉字》课程?

　A. 学过　　　B. 没有学过

8. 您是否喜欢学习汉字?

　　A. 喜欢　　　　B. 不喜欢　　　　C. 说不清楚

9. 您觉得汉语学习中是否需要学习汉字?

　　A. 需要　　　　B. 不需要　　　　C. 说不清楚

10. 您觉得汉语学习中哪个是最难学的?

　　A. 拼音　　　　B. 语法　　　　C. 词语　　　D. 汉字　　　E. 阅读

11. 在汉字学习内容中,您觉得哪个最难学?

　　A. 字音　　　　B. 字形　　　　C. 字义

12. 在汉字字形学习中,您觉得哪个难度最大?

　　A. 识别　　　　B. 摹写　　　　C. 默写

13. 对于汉字的记忆,您觉得下列哪个方法好?

　　A. 在词汇中记忆汉字　　　　B. 单独记忆汉字

14. 您听说过下列描述汉字类型的词语吗?(可多选)

　　A. 形近字　B. 形声字　C. 同音字　D. 音近字　E. 同义字

　　F. 近义字　G. 汉字部件

　　您明白下列描述汉字类型的词语吗?(可多选)

　　A. 形近字　B. 形声字　C. 同音字　D. 音近字　E. 同义字

　　F. 近义字　G. 汉字部件

15. 请问您为什么学习汉语?

　　A. 对汉语感兴趣　　B. 对中国文化感兴趣

　　C. 工作需要　　　　D. 旅游需要

　　E. 有朋友或家人说汉语　F. 父母要求　　G. 其他原因:

二、您的汉字学习策略的使用情况(请您根据自己的感觉在合适的选项上打"√")

1. 您是用整体汉字的方式认读汉字吗?

　　A. 经常　　　　B. 很少　　　　C. 从不

2. 您是用拆分汉字的方式认读汉字吗?

　　A. 经常　　　　B. 很少　　　　C. 从不

3. 您是用组合汉字的方式认读汉字吗?

　　A. 经常　　　　B. 很少　　　　C. 从不

4. 您在认读汉字时会区分形状相近的汉字吗?

　　A. 经常　　　　B. 很少　　　　C. 从不

5. 您在认读汉字时会区分独体字或合体字吗?

    A. 经常   B. 很少   C. 从不

6. 您在认读汉字时会区分合体字的结构类型吗?(上下、左右、半包围、全包围等)

    A. 经常   B. 很少   C. 从不

7. 您是整体记忆汉字部件的吗?

    A. 经常   B. 很少   C. 从不

8. 您会根据老师讲解的汉字部件的意义记忆汉字部件吗?

    A. 经常   B. 很少   C. 从不

9. 您会经常回忆默写汉字部件吗?

    A. 经常   B. 很少   C. 从不

10. 您会经常回忆默写汉字或生词吗?

    A. 经常   B. 很少   C. 从不

11. 您会用字形联想的方式记忆汉字吗?

    A. 经常   B. 很少   C. 从不

12. 您在记忆汉字时会先记忆熟悉的部件吗?

    A. 经常   B. 很少   C. 从不

13. 您在记忆汉字时是用记住老师讲的汉字形体故事的方法吗?

    A. 经常   B. 很少   C. 从不

14. 你在记忆汉字时会用形近字比较的方法吗?

    A. 经常   B. 很少   C. 从不

15. 您在记忆形声字时会用形旁声旁的意义组合方式吗?

    A. 经常   B. 很少   C. 从不

16. 您用汉字做作业或练习吗?

    A. 经常   B. 很少   C. 从不

17. 您在上课时会用汉字记笔记吗?

    A. 经常   B. 很少   C. 从不

18. 您会用汉字发短信、写日记吗?

    A. 经常   B. 很少   C. 从不

19. 您会看中文书报吗?

    A. 经常   B. 很少   C. 从不

20. 您浏览中文网页或学习网站吗?

  A．经常   B．很少   C．从不

21. 您会利用字典记忆汉字部件吗？

  A．经常   B．很少   C．从不

22. 在遇到新汉字时，您会在其中寻找您认识的部件吗？

  A．经常   B．很少   C．从不

23. 您会使用字典或词典学习汉字吗？

  A．经常   B．很少   C．从不

24. 您一直努力地应用你所学的汉字吗？

  A．经常   B．很少   C．从不

25. 您会经常抄写汉字部件吗？

  A．经常   B．很少   C．从不

26. 您复习时会抄写汉字或生词吗？

  A．经常   B．很少   C．从不

27. 您复习时会抄写句子或课文吗？

  A．经常   B．很少   C．从不

28. 您复习时会认读生字或生词吗？

  A．经常   B．很少   C．从不

29. 您复习时会朗读课文吗？

  A．经常   B．很少   C．从不

30. 您会查字典复习生字或生词吗？

  A．经常   B．很少   C．从不

31. 您会经常对比形近汉字吗？

  A．经常   B．很少   C．从不

32. 您会经常对比同音字或音近字吗？

  A．经常   B．很少   C．从不

33. 您会经常总结同义字、近义字、同义词、近义词吗？

  A．经常   B．很少   C．从不

34. 您会利用形旁或声旁联系生字和已知字吗？

  A．经常   B．很少   C．从不

35. 您会根据形旁或声旁归类汉字吗？

  A．经常   B．很少   C．从不

36. 您会对比形声字和非形声字吗？

    A．经常   B．很少   C．从不

37. 您会练习汉字的各种笔画吗？

    A．经常   B．很少   C．从不

38. 您写汉字时会数汉字的笔画数吗？

    A．经常   B．很少   C．从不

39. 您会按照汉字的笔顺写汉字吗？

    A．经常   B．很少   C．从不

40. 您会根据部件的笔画来记忆汉字部件吗？

    A．经常   B．很少   C．从不

41. 您会利用汉字的笔顺记汉字吗？

    A．经常   B．很少   C．从不

42. 您是先联系字音和字义，后联系字形记忆汉字的吗？

    A．经常   B．很少   C．从不

43. 您会利用同音字或音近字记忆生字吗？

    A．经常   B．很少   C．从不

44. 您会经常了解自己的汉字认读或书写错误，以提醒自己避免同类错误吗？

    A．经常   B．很少   C．从不

45. 您会经常评价自己的汉字学习情况吗？

    A．经常   B．很少   C．从不

46. 您会为自己制定汉字学习计划和目标吗？

    A．经常   B．很少   C．从不

三、汉字难学的原因（请您根据自己的感觉在合适的选项上打"√"）

1. 汉字的读音太复杂了

    A．同意   B．反对   C．不同意也不反对

2. 汉字的读音很难记忆

    A．同意   B．反对   C．不同意也不反对

3. 汉字字形太难识别了

    A．同意   B．反对   C．不同意也不反对

4. 汉字字形太难记忆了

    A．同意   B．反对   C．不同意也不反对

5. 汉字的笔画太多了

　　A．同意　　　　　　B．反对　　　　　C．不同意也不反对

6.汉字的结构太复杂了

　　A．同意　　　　　　B．反对　　　　　C．不同意也不反对

7.汉字的笔顺不容易掌握

　　A．同意　　　　　　B．反对　　　　　C．不同意也不反对

8.汉字太难书写了

　　A．同意　　　　　　B．反对　　　　　C．不同意也不反对

9.汉字的意思太多了，很难区分

　　A．同意　　　　　　B．反对　　　　　C．不同意也不反对

10.汉字字义太难记忆了

　　A．同意　　　　　　B．反对　　　　　C．不同意也不反对

11.汉字字音和字形之间联系不明显

　　A．同意　　　　　　B．反对　　　　　C．不同意也不反对

12.汉字字音和字义之间联系不明显

　　A．同意　　　　　　B．反对　　　　　C．不同意也不反对

13.汉字字形和字义之间联系不明显

　　A．同意　　　　　　B．反对　　　　　C．不同意也不反对

14.汉字的字音、字形、字义三者之间联系不明显

　　A．同意　　　　　　B．反对　　　　　C．不同意也不反对

15.汉字与我的母语相差太大了

　　A．同意　　　　　　B．反对　　　　　C．不同意也不反对

16.老师教汉字的方法不适合我

　　A．同意　　　　　　B．反对　　　　　C．不同意也不反对

除了上述原因，您觉得还有哪些汉字学习的困难？

四、请您写出您最常用的汉字学习方法（三条左右）

五、您对自己的汉字学习效果满意吗？为什么？

附录二　留学生汉字水平测量表

姓名：　　　　　　班级：　　　　　　国籍：

一、请您给下列汉字注音，并写出意义（中英文都可）

（　）_____　（　）_____　（　）_____　（　）_____
　　班　　　　　病　　　　　歌　　　　　南

（　）_____　（　）_____　（　）_____　（　）_____
　　词　　　　　票　　　　　庭　　　　　钟

（　）_____　（　）_____　（　）_____　（　）_____
　　藏　　　　　圈　　　　　美　　　　　诚

（　）_____　（　）_____　（　）_____　（　）_____
　　景　　　　　县　　　　　辣　　　　　琴

（　）_____　（　）_____　（　）_____　（　）_____
　　甘　　　　　窟　　　　　秃　　　　　薪

二、请您根据汉语拼音及英文解释写出汉字

bàn　　　　　　　　kōng　　　　　　　　ǎi
（　）half　　　　　（　）empty　　　　　（　）short（person）

chūn　　　　　　　 lǎo　　　　　　　　 tāng
（　）spring　　　　（　）old　　　　　　（　）soup

yù　　　　　　　　　zhòng　　　　　　　 chù
（　）meet, encounter　（　）heavy　　　　（　）touch

qún　　　　　　　　 yìn　　　　　　　　 huǐ
（　）skirt, dress　　（　）signet　　　　（　）repent, regret

mà

（　　）curse，scold

zhòng

（　　）numerous，many

chǒu

（　　）ugly

diāo

（　　）carve，engrave

mí

（　　）puzzle

zuì

（　　）crime

xuē

（　　）boot

dān

（　　）red

注：第一题（　　）中写拼音，横线上写意义。第二题（　　）中写汉字。

附录三 泰国中学教师汉语教学情况调查问卷

汉语教学的调查问卷

本问卷是为了了解泰国程逸中学的汉语教学状况及存在的问题，所以请大家认真作答、如实地填写调查问卷，非常感谢你们的合作。

一、教师的基本情况

1.性别　　□男　　　　□女

2.年龄＿＿＿＿

3.国籍　　□泰国　　　□中国　　　　□其他

4.职位　　□校长　　　□汉语老师　　□其他

5.您的专业

　　□汉语专业　　　　　　□对外汉语专业

　　□商贸汉语专业　　　　□泰语专业

6.您的学历

　　□高中　　　　　□大学　　　　　□研究生

7.您是否受过汉语教学的相关培训？

　　□受过　　　　　□没受过

8.您从事对外汉语教学的时间是

　　□一年以内　　　□一至两年　　　□两年以上

9.您从事汉语教学的目的是什么？

　　□个人兴趣　　　□职业前景　　　□父母的意见　　　□其他

10.您是否喜欢教授汉语？

　　□很喜欢　　　　□比较喜欢　　　□不喜欢　　　　□没感觉

11.您觉得教授汉语这门课程有意义吗?

　　□非常有意义　　□比较有意义　　□没有意思　　□无所谓

12.您觉得学习汉语有意思吗?

　　□很有意思　　　□比较有意思　　□一般　　　　　□很枯燥

13.您觉得教授汉语的经济待遇怎么样?

　　□很好　　　　　□还可以　　　　□一般　　　　□不好　　　□很不好

二、教师对学生学习状况的了解

1.您感觉学生更喜欢学哪一门外语?

　　□英语　　　　　□法文　　　　　□汉语

2.您感觉学生对学习汉语有兴趣吗?

　　□很感兴趣　　　□比较感兴趣　　□不太感兴趣　□不感兴趣

3.您觉得您的学生喜欢学习汉语吗?

　　□很喜欢　　　　□比较喜欢　　　□不喜欢　　　　□不清楚

4.您认为学生喜欢哪项语言技能?

　　□听　　　　　　□说　　　　　　□读　　　　　　□写

5.您认为您的学生为什么选择学汉语?

　　□自己喜欢汉语　　□父母希望他们学　□为了以后好找工作

　　□想去中国　　　　□学校安排　　　　□其他

6.您对学生学习汉语的态度满意吗?

　　□满意　　　　　□基本满意　　　□不太满意　　　□不满意

7.您觉得学生的汉语水平在进步吗?

　　□进步很大　　　□有一些进步　　□没有什么进步　□越来越差

三、汉语教学情况

1.您觉得汉语教学难吗?

　　□非常难　　　　□比较难　　　　□不太难　　　　□很容易

2.您觉得汉语教学最难的是什么?

　　□语音　　　　　□词汇　　　　　□语法　　　　　□汉字

3.您对自己教好汉语有信心吗?

　　□很有信心　　　□比较有信心　　□一般　　　　　□没有信心

4.您喜欢汉语教学的哪个语言技能?

　　□听　　　　　　□说　　　　　　□读　　　　　　□写

5.您觉得自己的哪项汉语技能最好?

　　□听　　　　□说　　　　□读　　　　□写

6.您觉得自己哪项汉语技能最差?

　　□听　　　　□说　　　　□读　　　　□写

7.您觉得汉语教学的难点是?（可以多选）

　　□听力　　　　□发音　　　　□阅读　　□词汇

　　□语法　　　　□汉字　　　　□其他

8.您觉得学汉语一个星期应该有几节课?

　　□1~2节课　　　□2~3节课　　□3~4节课　　　□4~5节课

9.您觉得汉语课哪个方面还不足?（可以多选）

　　□教师数量　　　□教师能力　□课时　　□活动　　□教具

10.您是否愿意参加汉语教学师资的培训?

　　□很愿意　　□愿意　　□不太愿意　　□不愿意　□无所谓

11.您在教学过程中使用的教材是什么?（可以多选）

　　　　□《跟我学汉语》　　□《快乐汉语》　　　　□《泰国人学汉语》

　　　　□《汉语教程》　　　□《体验汉语》　　　　□《汉语入门》

　　　　□《创智汉语》　　　□《汉语会话301句》　□其他

12.喜欢现在用的汉语教材吗?

　　□很喜欢　　□比较喜欢　　□不太喜欢　　□不喜欢

13.您认为汉语教材注释部分应该用什么语言?

　　□汉语　　　□泰语　　　　□英语　　□汉泰　　□汉英

14.您觉得现在使用的教材内容的量是否合适?

　　□太多　　　□有点儿多　　□正好　　□少了一点儿　□太少

15.您觉得现在使用的教材内容难不难?

　　□很难　　　□有点儿难　　□不太难　　□比较容易　□很容易

16.您认为多用哪种语言教学才好?

　　□汉语　　　□泰语　　　　□英语　　□汉泰　　　□汉英

17.您觉得现在使用的教材能够满足学生学习的要求吗?

　　□完全可以　□基本可以　　□不太可以　　　□完全不能

18.您在教学中使用多媒体吗?

　　□经常用　　□有时候　　　□基本没有

19.您觉得多媒体教学的效果怎么样?

□很好　　□比较好　　□不太好　　□不好

20.您在教学中经常开展活动（游戏）吗？

□经常　　□有时候　　□很少　　□从不

21.您认为课堂活动（游戏）的教学效果怎么样？

□很好　　□比较好　　□不太好　　□不好

四、教师对教学效果的感觉

1.您对自己的教学效果满意吗？

□满意　　□基本满意　　□不太满意　　□不满意

2.您喜欢自己现在的课堂教学形式吗？

□很喜欢　　□比较喜欢　　□不太喜欢　　□不喜欢

3.您对自己目前的课堂语言满意吗？

□满意　　□基本满意　　□不太满意　　□不满意

4.对于程逸学校的汉语教学您有什么意见和建议？

_____

_____

_____

非常感谢您的合作！

附录四　泰国中学生学习汉语的调查问卷

学生学习汉语的调查问卷（汉语版）

本问卷是为了了解泰国程逸中学的汉语教学状况及存在问题，所以请大家认真作答、如实地填写调查问卷（在最合适的选择项前"□"内打"√"），非常感谢你们的合作。

一、学生的基本情况

1.性别　　□男　　□女

2.年级　　□初中一年级　　□初中二年级　　□初中三年级
　　　　　□高中一年级　　□高中二年级　　□高中三年级

3.汉语课程是你的

　　□必修课　　　　□选修课

4.你学习汉语已经多长时间了？

　　□1年之内　　　□1~2年　　　□2~3年　　□3年之上

二、学生对学习汉语的态度

1.你喜欢汉语吗？

　　□很喜欢　　□比较喜欢　　□不喜欢　　□没感觉

2.为什么选择学习汉语？（可以多选）

　　□自己喜欢汉语　　□父母希望自己学　　□为了以后好找工作
　　□想去中国　　　　□学校安排　　　　　□其他

3.你觉得学习汉语有意思吗？

　　□很有意思　　□比较有意思　　□一般　　□很枯燥

三、学生汉语学习情况

1.你觉得学习汉语难吗？

　　□非常难　　□比较难　　□不太难　　□很容易

2.你觉得学习汉语最难的是什么？

　　□语音　　　□词汇　　　□语法　　　□汉字

3.对自己学好汉语有信心吗？

　　□很有信心　□比较有信心　□一般　　□没有信心

4.你喜欢学习汉语的哪个语言技能？

　　□听　　　　□说　　　　□读　　　　□写

5.你觉得自己的哪项汉语技能最好？

　　□听　　　　□说　　　　□读　　　　□写

6.你觉得自己哪项汉语技能最差？

　　□听　　　　□说　　　　□读　　　　□写

7.你觉得自己的汉语水平在进步吗？

　　□进步很大　□有进步　　□没有什么进步　□越来越差

四、学生对老师的态度

1.你对老师目前的教学效果满意吗？

　　□满意　　　□基本满意　□不太满意　□不满意

2.你喜欢自己现在的汉语老师吗？

　　□很喜欢　　□比较喜欢　□不太喜欢　□不喜欢

3.喜欢老师现在的课堂教学形式吗？

　　□很喜欢　　□比较喜欢　□不太喜欢　□不喜欢

4.对老师目前的课堂语言满意吗？

　　□满意　　　□基本满意　□不太满意　□不满意

5.希望老师多用哪种语言教学

　　□汉语　　　□泰语　　　□汉泰　　　□英泰

五、学生对教学形式的态度

1.你喜欢什么样的汉语课堂教学形式？

　　□听说多一些　　　　　□多读　　　　□多做练习
　　□经常做活动（游戏）　□少做活动（游戏）

2.喜欢参加课外的一些汉语活动或比赛吗？

　　□很喜欢　　□比较喜欢　□不太喜欢　□不喜欢

3.你觉得多参加汉语活动对自己的汉语学习有帮助吗?

　　□很有帮助　　　□有点儿帮助　　　□不太有帮助　　　□没有帮助

4.希望老师能经常在课堂上做一些活动吗?

　　□很希望　　　□不太希望　　　□不希望　　　　□无所谓

5.除了课堂学习汉语,课外有参加汉语补习班吗?

　　□有,经常　　　□有,但是很少　　□没有

6.你觉得一个星期应该有几节汉语课?

　　□1～2节课　　□2～3节课　　　□3～4节课　　　□4～5节课

7.你觉得汉语课哪个方面还不足?（可以多选）

　　□教师数量　　□教师能力　　　□课时　　　　□活动　　　□教具

六、学生对教材的评价

1.喜欢现在用的汉语书吗?

　　□很喜欢　　□比较喜欢　　□不太喜欢　　　□不喜欢

2.希望汉语书注释部分用什么语言?

　　□汉语　　　□泰语　　　□汉泰　　　□汉英

3.你觉得现在用的书内容多还是少?

　　□太多　　　□正好　　　□太少

4.你觉得现在用的书内容难不难?

　　□很难　　　□有点儿难　　□不太难　　　□很容易

谢谢你的合作!

学生学习汉语的调查问卷（泰语版）

แบบสอบถามงานวิจัยเรื่อง

การเรียนการสอนภาษาจีนของโรงเรียนอุตรดิตถ์

คำชี้แจง แบบสอบถาม

1.งานวิจัยนี้มีวัตถุประสงค์เพื่อศึกษาถึงสภาพการเรียนการสอนภาษาจีนของโรงเรียนอุตรดิตถ์

2.คำตอบของท่านในครั้งนี้มีค่าอย่างยิ่ง　　　　　　　　　โดยผู้จัดทำจะนำผลการวิจัยมาวิเคราะห์

เพื่อให้ทราบถึงปัจจัยที่มีผลต่อการเรียนการสอนภาษาจีน

รวมถึงปัญหาในการจัดการเรียนการสอนภาษาจีนของโรงเรียนอุตรดิตถ์

นำไปสู่การแก้ไขปัญหาและปรับปรุงคุณภาพการเรียนการสอนภาษาจีนให้มีประสิทธิภาพมากขึ้น

การให้ข้อมูลที่ไม่ตรงกับความเป็นจริง　　　　　　　　　นอกจากจะไม่เป็นประโยชน์ต่อผู้ใดแล้ว

ยังนำไปสู่การสรุปและแปลผลที่ผิดพลาด ดังนั้นขอให้ท่านให้ข้อมูลตามความจริง

3. โปรดเติมเครื่องหมาย ☑ และกรอกข้อความให้สมบูรณ์

ส่วนที่ **1** ข้อมูลทั่วไปของผู้ตอบแบบสอบถาม

1. เพศ

☐ ชาย　　　　　　　☐ หญิง

2. กำลังศึกษาอยู่ในระดับชั้น

☐ มัธยมศึกษาตอนต้น

☐ มัธยมศึกษาชั้นปีที่ 1　　　☐ มัธยมศึกษาชั้นปีที่ 2　　　☐ มัธยมศึกษาชั้นปีที่ 3

☐ มัธยมศึกษาตอนปลาย

☐ มัธยมศึกษาชั้นปีที่ 4　　　☐ มัธยมศึกษาชั้นปีที่ 5　　　☐ มัธยมศึกษาชั้นปีที่ 6

3. หลักสูตรภาษาจีนที่เรียน

☐ วิชาหลัก　（ภาษาจีนหลัก）　　☐ วิชาเลือก　（ภาษาจีนเสริม）

4. นักเรียนเคยเรียนภาษาจีนมานานเท่าไหร่?

☐ ไม่ถึงหนึ่งปี　　☐ 1~2 ปี　　☐ 2~3 ปี　　☐ 3 ขึ้นไป

ส่วนที่ **2** ข้อมูลด้านการเรียนภาษาจีนของนักเรียน

1. นักเรียนชอบเรียนวิชาภาษาจีนไหม?

☐ ชอบมาก　　☐ ค่อนข้างชอบ　　☐ ไม่ชอบ　　☐ ไม่รู้สึกอะไร

2. ทำไมนักเรียนจึงเลือกเรียนภาษาจีน?　（สามารถเลือกตอบได้มากกว่า 1 ข้อ）

☐ ส่วนตัวชอบภาษาจีนอยู่แล้ว　　☐ พ่อแม่อยากให้เรียน　　☐ เพื่อหางานทำในอนาคต

☐ อยากไปประเทศจีน　　☐ โรงเรียนบังคับ　　☐ อื่นๆ

3. พ่อแม่มีท่าทีอย่างไรกับการเรียนภาษาจีนของนักเรียน?

☐ เห็นด้วย, สนับสนุนอย่างยิ่ง　☐ เห็นด้วย สนับสนุน　☐ ไม่สนับสนุน　☐ ไม่สนใจ

4. นักเรียนคิดว่าการเรียนภาษาจีนมีความสำคัญหรือไม่?

☐ สำคัญมาก　　☐ ค่อนข้างสำคัญ　　☐ เฉยๆ　　☐ น่าเบื่อมาก

ส่วนที่ **3** ข้อมูลด้านสภาพการเรียนการสอนวิชาภาษาจีนของนักเรียนโรงเรียนอุตรดิตถ์

1. นักเรียนคิดว่าภาษาจีนเรียนยากไหม?

☐ ยากมาก　　☐ ค่อนข้างยาก　　☐ ไม่ค่อยยาก　　☐ ง่ายมาก

2. นักเรียนคิดว่าการเรียนภาษาจีนข้อใดถือว่ายากที่สุด?

☐ การออกเสียง　　☐ คำศัพท์　　☐ ไวยกรณ์ จีน　　☐ ตัวอักษรจีน

3. นักเรียนมีความมั่นใจในการเรียนภาษาจีนของตนเองหรือไม่?

☐ มั่นใจมาก　　☐ ค่อนข้างมั่นใจ　　☐ เฉยๆ　　☐ ไม่มีความมั่นใจเลย

4. นักเรียนชอบทักษะการเรียนภาษาจีนด้านใดมากที่สุด?

☐ ฟัง ☐ พูด ☐ อ่าน ☐ เขียน

5. นักเรียนคิดว่าทักษะการเรียนภาษาจีนของตนเองด้านใดดีที่สุด?

☐ ฟัง ☐ พูด ☐ อ่าน ☐ เขียน

6. นักเรียนคิดว่าทักษะการเรียนภาษาจีนของตนเองด้านใดที่ยังบกพร่องอยู่?

☐ ฟัง ☐ พูด ☐ อ่าน ☐ เขียน

7. นักเรียนคิดว่าระดับความสามารถด้านภาษาจีนของตนเองมีการพัฒนาหรือไม่

☐ พัฒนาขึ้นมาก ☐ พัฒนาขึ้น ☐ ไม่มีการพัฒนาขึ้นเลย ☐ ยิ่งนับวันยิ่งแย่

ส่วนที่ 4 ข้อมูลด้านการสอนของบุคลากร

1. นักเรียนพอใจกับผลการสอนภาษาจีนของอาจารย์หรือไม่?

☐ พอใจมาก ☐ ค่อนข้างพอใจ ☐ ไม่ค่อยพอใจ ☐ ไม่พอใจอย่างมาก

2. นักเรียนชอบอาจารย์สอนภาษาจีนคนปัจจุบันของนักเรียนหรือไม่?

☐ ชอบมาก ☐ ค่อนข้างชอบ ☐ ไม่ค่อยชอบ ☐ ไม่ชอบ

3. นักเรียนชอบรูปแบบการเรียนการสอนในชั้นเรียนของอาจารย์คนปัจจุบันหรือไม่?

☐ ชอบมาก ☐ ค่อนข้างชอบ ☐ ไม่ค่อยชอบ ☐ ไม่ชอบ

4. นักเรียนพอใจกับการใช้ภาษาในการสื่อสารในชั้นเรียนของอาจารย์คนปัจจุบันหรือไม่?

☐ พอใจมาก ☐ ค่อนข้างพอใจ ☐ ไม่ค่อยพอใจ ☐ ไม่พอใจอย่างมาก

5. นักเรียนคิดว่าอาจารย์ควรใช้ภาษาใดในการเรียนการสอนวิชาภาษาจีน?

☐ ภาษาจีนล้วน ☐ ภาษาไทยล้วน ☐ ภาษาจีนกับภาษาไทย ☐ ภาษาอังกฤษกับภาษาจีน

ส่วนที่ 5 ข้อมูลด้านรูปแบบการเรียนการสอนภาษาจีน

1. นักเรียนชอบรูปแบบการเรียนการสอนภาษาจีนแบบไหน?

☐ เน้นฟัง–พูดมากๆ ☐ เน้นอ่านเยอะ ☐ เน้นการทำแบบฝึกหัด

☐ ทำกิจกรรม, เล่นเกมส์อยู่เสมอๆ ☐ ทำกิจกรรม, เล่นเกมส์น้อยๆ

2. นักเรียนชอบร่วมกิจกรรมหรือการแข่งขันด้านภาษาจีนนอกชั้นเรียนหรือไม่?

☐ ชอบมาก ☐ ค่อนข้างชอบ ☐ ไม่ค่อยชอบ ☐ ไม่ชอบ

3. นักเรียนคิดว่าการเข้าร่วมกิจกรรมด้านภาษาจีนบ่อยๆจะมีผลช่วยให้การเรียนภาษาจีนของนักเรียนดีขึ้น หรือไม่?

☐ ช่วยได้มาก ☐ ช่วยได้นิดหน่อย ☐ ไม่ค่อยมีผลช่วยเท่าไหร่ ☐ ไม่ช่วยอะไรเลย

4. นักเรียนอยากให้อาจารย์ทำกิจกรรมในชั้นเรียนบ่อยๆหรือไม่?

☐ อยาก ☐ ไม่ค่อยอยาก ☐ ไม่อยาก ☐ ไม่มีความคิดเห็น

5. นอกจากการเรียนการสอนภาษาจีนในชั้นเรียนแล้ว นักเรียนเรียนพิเศษเพิ่มเติม?

☐ เรียนประจำ ☐ เรียน บางครั้ง (เคยเรียน) ☐ ไม่เคยเรียนเลย

6. นักเรียนคิดว่าใน 1 สัปดาห์ควรเรียนภาษาจีนกี่คาบเรียนจึงจะเหมาะสม ?

☐ 1~2 คาบ/สัปดาห์ ☐ 2~3 คาบ/สัปดาห์ ☐ 3~4 คาบ/สัปดาห์ ☐ 4~5 คาบ/สัปดาห์

7. นักเรียนคิดว่าการเรียนการสอนวิชาภาษาจีนของโรงเรียนอุตรดิตถ์ มีด้านใดบ้างที่ยังไม่เพียงพอ

(สามารถเลือกตอบได้มากกว่า 1 ข้อ)

☐ จำนวนครูผู้สอน　　☐ ความสามารถของครูผู้สอน　　☐ เวลาเรียน

☐ กิจกรรม　　☐ สื่อการสอน

ส่วนที่ **6** ข้อมูลด้านสื่อการสอน

1. นักเรียนชอบหนังสือแบบเรียนวิชาภาษาจีนที่ใช้อยู่ในปัจจุบันหรือไม่？ (รวมถึงใบงาน, ใบความรู้)

☐ ชอบมาก　　☐ ค่อนข้างชอบ　　☐ ไม่ค่อยชอบ　　☐ ไม่ชอบ

2. นักเรียนอยากให้หนังสือแบบเรียนภาษาจีนเป็นภาษาอะไร？

☐ ภาษาจีนล้วน　　☐ ภาษาไทยล้วน　　☐ ภาษาอังกฤษล้วน

☐ ภาษาจีนกับภาษาไทย　　☐ ภาษาอังกฤษกับภาษาจีน

3. นักเรียนคิดว่าหนังสือแบบเรียนภาษาจีนที่ใช้อยู่ในปัจจุบันนี้มีเนื้อหามากไปหรือน้อยไป

☐ เยอะมาก　　☐ กำลังดี　　☐ น้อยไป

4. นักเรียนคิดว่าหนังสือแบบเรียนภาษาจีนที่ใช้อยู่ในปัจจุบันนี้มีเนื้อหายากหรือไม่

☐ ยากมาก　　☐ ยากนิดหน่อย　　☐ ไม่ค่อยยาก　　☐ ง่ายมาก

นักเรียนมีข้อเสนอแนะหรือความคิดเห็นเพิ่มเติมอย่างไรเกี่ยวกับการเรียนการสอนภาษาจีนของโรงเรียน

อุตรดิตถ์

后　记

　　本书是在本人主持完成的教育部人文社会科学基金青年项目"汉语国际推广中外国人汉字习得规律研究"（编号：10YJC740114）成果的基础上整理而成。这是我承担的第一个省部级课题研究，对我来说很是吃力。2015年我完成最终成果和项目终结报告书，通过了专家鉴定，如释重负，心中一块石头终于落了地。原本出版图书对我而言是一件难以企及并且也不敢想的事情，但是一位关心我的学业导师鼓励我将成果出版出来，算是对自己研究经历的一个阶段性总结，我萌发了出版的念头，并联系了出版社。与出版社签署合同之后才发现，这个过程非常艰辛，加之2016年从安徽调入上海工作，书稿完成时间竟是一直拖到现在。

　　本书的主要研究工作始于2009年，自从获批教育部人文社科课题之后，我便开始正式启动相关研究。一方面是搜集和梳理这方面的资料，撰写相关论文，另一方面设计了课题研究的总体框架和各章节的选题，并指导研究生围绕着外国人汉字习得过程、汉字习得感知、汉字教材设计等选题展开研究，撰写相关的硕士学位论文，有些选题还考虑到硕士研究生的国别背景，希望能突显出本课题中汉语"国际"'推广的研究特色。参与课题和初稿写作的同学有孙玉珩、杨怡、王佳蕊、柏柯（泰国）、金竟宏（泰国）等。经过与几届研究生几年的共同努力，2015年顺利完成结题。课题结题前后，我花费了大量的时间和精力对课题成果进行了修改，包括调整架构、选留材料、统一体例、增扩删减、前后一致、文字润色等，有的章节甚至重新撰写。可以说，本书充分反映了我们研究团队对汉语国际传播推广中外国人汉字习得相关特征的若干基本认识。在这里谨对课题的完成和初稿写作做出贡献的同学表示真诚的谢意。当然文中如果有什么不妥之处或错误，都是我的问题，恳请方家批评指正。

　　本书在研究中得到了安徽师范大学国际教育学院、文学院以及泰国学校一些师生的大力支持与帮助。书中涉及一些外国语言（泰语），由上海师范大学对外汉语学院泰国籍博士生俸跃艳帮忙进行了梳理和校对。书中还引用了一些国内外学者公开发表的论著和文献，在此一并表示衷心的谢意。

　　本书的出版得到了教育部人文社会科学基金青年项目"汉语国际推广中外国人汉字习得规律研究"（编号：10YJC740114）项目经费的资助，在此予以衷心感谢！衷心感谢安徽师范大学出版社黄成林教授和本书责任编辑，没有他们的鼓励、支持、帮助和宽容，本书难以顺利出版。

　　当然，还要衷心感谢我的家人——含辛茹苦的母亲、尽职尽责的先生以及从安徽随我们迁到上海读小学的可爱的儿子，他们默默的支持确实带给我无穷的前进动力。

徐　茗

二〇一八年十月